Julio: Castillo antes que teatro

LEGORRETA

JULIO: CASTILLO ANTES QUE TEATRO
Roberto Castillo Margain

ISBN: 9786078688951
Primera edición: febrero de 2025

© Legorreta
© Grupo Editorial Neisa

© 2025 Nueva Editorial Iztaccíhuatl, S. A. de C. V.
Fuente de Pirámides No. 1, Int. 501-B,
Lomas de Tecamachalco, Naucalpan de Juárez,
C. P. 53950, Estado de México.

Corrección de estilo: Arturo Romero Santeliz
Diseño y maquetación: Rivka Antonio Salgado
Diseño de portada: Johann Alfredo Contreras Durán
Cordinación editorial: Arturo Romero Santeliz

Prohibida la reproducción total o parcial, incluyendo fotocopia, sin la autorización expresa de sus editores.

Se reafirma y advierte que se encuentran reservados todos los derechos de autor y conexos sobre este libro y cualquiera de sus contenidos pertenecientes a Nueva Editorial Iztaccihuatl, S. A. de C. V. Por lo que queda prohibido cualquier uso, reproducción, extracción, recopilación, procesamiento, transformación y/o explotación, sea total o parcial, ya en el pasado, ya en el presente o en el futuro, con fines de entrenamiento de cualquier clase de inteligencia artificial, minería de datos y textos, y en general, cualquier fin de desarrollo o comercialización de sistemas, herramientas o tecnologías de inteligencia artificial, incluyendo pero no limitado a la generación de obras derivadas o contenidos basados total o parcialmente en este libro y cualquiera de sus partes pertenecientes a Nueva Editorial Iztaccihuatl, S. A. de C. V. Cualquier acto de los aquí descritos o cualquier otro similar, está sujeto a la celebración de una licencia. Realizar cualquiera de esas conductas sin licencia puede resultar en el ejercicio de acciones jurídicas.

Dedico este libro a mis queridos hermanos, Julio y Enrique, con quienes tuve la oportunidad de convivir y, juntos, crear Castillos en el aire.

A mi amada esposa, Cuqui, quien convivió con ellos y me ayudó a superar sus muertes tempranas.

Agradezco el apoyo de mis sobrinos Philip, Martín, Juan Cristóbal y, a su esposa, Heleane.

Índice

Prefacio.. 15
   Nota del autor.. 16
La última como la primera................................... 23
Origen de la familia Castillo Margain................ 28
   De parte de la mamá... 29
   De parte del Viajero.. 30
   Entre la mamá y el Viajero..................................... 32
   A modo de biografía (Primeros cimientos)........... 34
   Entre la vecindad y otros familiares...................... 37
Primeros años.. 43
   Influencia del radio en la niñez de los hermanos..... 45
   Educación primaria de los tres hermanos en la insigne
   escuela Efrén Valenzuela.. 48
   Primera comunión de Julio y Roberto.................. 49
   Del cine, teatro y carpas... 50
   Hablemos del teatro... 50
   Incursión en el boxeo... 51
   Los cines se dividían en cuatro categorías........... 52
   Sigamos con la lucha libre...................................... 54

Lugares en donde vivió la familia Castillo Margain............ 56
Primeros trabajos de Julio y Roberto................................. 59
Hablemos de teatros de revista, a los cuales los llevaba el tío Pedro... 60
Regreso a la gloriosa escuela Efrén Valenzuela, ubicada en el centro de la ciudad.. 63
Julio cuidador de una funeraria.. 65
Y qué hay de las maravillosas carpas.................................. 65
La escuela secundaria... 66
Fútbol Americano.. 70
Julio como cerillo en SUMESA.. 71
Amigos de Julio en la secundaria.. 72
Julio, vendedor en cambaceo del detergente FAB........... 73
Julio, Roberto y Enrique trabajando en la fonda El Orgullo de Garibaldi.. 73
Julio y su empleo en el Banco Mexicano............................ 74
Etapa de chambelanes de Julio y Roberto.......................... 75
Primera etapa de la carrera bancaria de Roberto................ 76
Julio y el club de admiradores de Ana Bertha Lepe............ 81
Segundos años.. 83
Roberto en la preparatoria.. 85
Viajes a Acapulco.. 88
Roberto como contador en sucursales............................... 91
Carreras de los Margain Castillo, un sueño de Julieta...... 96
Es increíble que en 20 años de actividad profesional haya logrado tanto.. 97
Inicio de la carrera teatral de Julio Castillo......................... 98
Enrique Castillo Margain...104
Primera obra teatral dirigida por Julio Castillo..................112
Vínculo de los hermanos con Víctor Hugo Rascón..........114

Programa Los Cachunes..117
El tipo de teatro que hacía Julio le trajo grandes problemas y estuvo vetado durante un buen..............................118
El programa Mi Colonia la Esperanza.............................119
Julio Castillo como director escénico de Televisa y Televisión Independiente de México...120
Creación del Núcleo de Estudios Teatrales.....................128
Origen de la obra de teatro De película............................129

La primera como la última...133
Primer acercamiento de Julio y Roberto..........................135
Para Roberto es un gran orgullo haber sido hermano de Julio, sin embargo, hubo sucesos que no fueron precisamente agradables.. 138
Funeral de Julio Castillo y su homenaje luctuoso...........139
Renombramiento del teatro del Bosque..........................142
Auditorio del reclusorio de Almoloya de Juárez.............142

Epílogo.. 147

Guía de algunas de las películas que más impactaron a los tres hermnos... 149
A ver al cine..151

Entrevistas.. 179
Paloma Woolrich..181
Miguel Ángel Valles Villagran..185
Cora Cardona...187
Rodolfo Torres...193
Angelina Peláez..197
Archivo Fotográfico.. 201

Prefacio

***

Este relato pretende sumergirnos en los aconteceres que rodearon a una familia. Una familia peculiar, de la cual nacieron y vivieron cuatro varones y una mujer, en un México que estaba iniciando grandes cambios. La Ciudad de México aún era conocida como el Departamento del Distrito Federal y era el escenario de desarrollo y la gente, proveniente de diversas partes del país, aglutinada por etnias en los diferentes barrios, eran los actores de este suceso. El eje principal era el centro de la ciudad, ahí se concentraban las grandes tiendas comerciales: el Palacio de Hierro, Fábricas de Francia, Liverpool, El Centro Mercantil y un sinfín de tiendas pequeñas y medianas ofrecían sus productos, al mayoreo y al menudeo, para abastecer los comercios de otras ciudades del país. La mayoría de ellas eran propiedad de españoles, judios y árabes. También se asentaban las oficinas de todas las Secretarías y de los tres Poderes Estatales. Las preparatorias y facultades de la UNAM se hallaban en San Ildefonso, las vocacionales y las escuelas del IPN, en las calles de Donceles, ya que aún no existía la Ciudad Universitaria ni los campos del Politécnico. Y a su alrededor crecían la Candelaria, la Merced, la Lagunilla, la Guerrero, Tepito, Santa Julia por mencionar algunos de ellos.

Esta evolución inició una etapa extraordinaria, la cual se puede acotar a partir de los años 40 hasta finales de los 60, es decir, 30 años en los cuales hubo una gran transformación. En esta época y en esta ciudad queremos conocer a la familia Castillo Margain, quienes vivieron intensamente y siempre la rodearon de fantasía. Resulta atractivo conocer sus orígenes, su mística y la magia que los envolvió para construir castillos en el aire, porque así sabremos cómo es que este núcleo dio a luz a grandes personalidades como a Julio Castillo, afamado director de teatro y revolucionario del arte dramático nacional. Miraremos esta parte de la vida del director, que está muy engarzada con su familia y la ciudad que creció con él, a través de la crónica del único sobreviviente de los hermanos varones, Roberto Castillo Margain, a quien simplemente llamaremos Roberto.

***

Nota del autor

Dejemos claro qué debemos entender por magia en este relato: Magia es creer, disfrutar a la gente y hacer de cada acontecimiento algo positivo. Magia es una mezcla de imaginación y realidad, es tratar de entender la vida a través de los demás, apreciar la manera de cómo cada quien la afronta y, de manera positiva y divertida, sumarla a la propia vida e intentar involucrar a propios y extraños en disfrutar la vida y luchar por alcanzar sueños que parecen imposibles de lograr, es decir, crear castillos en el aire.

La imaginación de los tres varones Castillo era inagotable.

Junto con su primo Manuel Castillo, crearon, bajo el liderazgo de Julio, una familia imaginaria a quien bautizaron como *Los caballeritos*. Cada hermano tenía un personaje que en las noches platicaba cómo le había ido durante el día e involucraban a la gente con quien convivían a diario, por supuesto, cada personaje era distinto a la realidad. El personaje principal era el papá Jaimito, un hombre trabajador lleno de bondad, alegría y optimismo. Sin duda estaba inspirado en el tío Pedro y en Don Regino Burrón, ilustre personaje de la exitosa historieta *La familia Burrón*. Mamá Güera era una mezcla entre mamá Julieta y la gran Doña Borolas. El escenario era una vecindad similar al de la vida real y la vecindad de la historieta, donde en Semana Santa se organizaba *Acapulco en la azotea*, lo cual consistía en instalar una playa de arena en la azotea de la vecindad, poner unos asoleaderos y tinas de acero llenas de agua para simular que eran piscinas. Hombres y mujeres se metían en ellas con sus ropas íntimas, los niños, totalmente desnudos. El genial creador de la *La familia Burrón* fue Gabriel Vargas, a quien sin duda se le deben grandes momentos de esparcimiento que, irónicamente, se hacía mofa de la pobreza.

Además, había otra fuente de inspiración: la historieta *El Halcón Negro*, cuyo personaje se apropió Julio por ser el hermano mayor. Los demás halcones eran Roberto, Enrique y Manuel que, durante casi 11 años, convivió con ellos. Con amigos de la vecindad se juntó el grupo completo; cada uno representaba un país del que eran héroes y su misión era proteger a la humanidad para que no volviese a existir otra guerra mundial. Con toda esa imaginación y fantasía no había lugar para pensar en cosas tristes ni carencias económicas. El lugar de reunión era un rincón de la vecindad y terminaba cuando la abuela Amada y mamá Julieta gritaban: "¡A dormir que mañana hay escuela!". Ellos sabían que les tocaría una telera con frijoles y un café, para sus amigos, los demás halcones, tristemente no había alimento en la mayoría de las ocasiones. Esto marcó a todos los hermanos y por ello siempre compartían sus tortas de frijoles y disfrutaban ver a sus amigos comer.

Mientras ellos platicaban sus fantasías infantiles, escuchaban cantar al tío Pedro, quien tocaba bonito la guitarra y gustaba de interpretar tangos y canciones del Trío Caribe, cuyo cantante era el Negro Peregrino, hermano de la gran Toña la Negra, la mejor intérprete de Agustín Lara. Todas las vecinas, que se reunían para ponerle botones a los suéteres de los señores Mostkoff, hacían la convivencia agradable, olvidándose de sus penurias, y junto con mamá Julieta cantaban también los tangos y los boleros de la época.

Esa magia que lograba la familia es la que siempre transmitieron a sus amigos. Cuando eran jóvenes, se improvisaban reuniones para festejar el solo hecho de estar juntos. Convivieron amigos de Julio (actores, cantantes, dramaturgos), también amigos del banco de Roberto, amigos de la UNAM de Enrique y de la secundaria de Norma, sobre todo en el cumpleaños de mamá Julieta, quien les decía y hacía sentir que eran todos amigos de la familia.

Ya estando casados, las navidades se seguían celebrando en casa de mamá Julieta. Los amigos de Julio llegaban en la madrugada, y Roberto recuerda con especial afecto a Luis Torner, Adrián Ramos, Alfredo «el Gordo» Sevilla, Octavio «el Charro» Galindo y Leticia Perdigón, y también a Irma Lozano, quienes trataban con cariño a una viejecita invidente que habían acogido Roberto y su esposa. Recuerda a Maggie Bermejo cantando a capela y a Jaime Campos acompañándose con su guitarra.

En lo particular, cada uno de los tres hermanos varones supo vivir a través de sus amigos. Por ello, Julio llevó al teatro obras de grandes dramaturgos y hacía sentir cercanos a él a todos los actores, escenógrafos e incluso tramoyistas. Gracias a ellos, logró numerosos y valiosos reconocimientos.

Roberto hizo lo mismo en cada actividad profesional que realizó, afrontando permanentemente grandes retos y reconociendo que el éxito no era solo suyo. Hacía sentir a todos quienes le rodeaban su amor al trabajo y los estimulaba para ser los mejores en sus respectivas actividades.

Sin duda, durante su carrera bancaria afrontó diversas adversidades de las cuales pudo salir avante gracias a la magia de convertir lo difícil en fácil. Lo mismo logró en la empresa SEAT, donde atendían más de 1000 vuelos diarios y daban múltiples servicios terrestres a los aviones, principalmente de Mexicana de Aviación y de Aeroméxico. Roberto, aprovechando su experiencia adquirida como consultor y con base en lo logrado por su antecesor, fortaleció la estrategia comercial y logró convertir esta empresa en altamente productiva, basándose en reforzar los procesos operativos y preparar a la gente a nivel nacional. Así pudieron convertirse en los mejores proveedores de estos servicios de apoyo terrestre para las más importantes aerolíneas extranjeras que viajaban a México: Japan Airlines, KLM, American Airlines, Air Canada y British Airways, entre otras.

Ninguno de los hermanos era extrovertido y estaban lejos de sentirse superdotados; es más, ni siquiera sentían ser más inteligentes que los demás. En lo único que sí coincidían era en su percepción de la vida y cómo la veían a través de la gente. Podían ver los sucesos desde arriba, como si a ellos no les afectaran, eso les permitía identificar cómo era cada ser humano que los rodeaba y cómo afrontaban cada suceso. Así, cada uno de los hermanos tenía un referente para decidir si era lo que le convenía. Lo cierto es que cada uno de los tres parecía vivir más en el espacio que en el mundo terrenal.

Siendo tan diferentes en su manera de ejecutar la vida, los tres fueron muy unidos hasta la juventud y disfrutaban mucho con su hermana.

La última como la primera

***

Era domingo y Roberto tenía una junta de trabajo importante el lunes, por lo cual le dijo a Julio, "Mañana vengo después de mi reunión". Presentía que ese momento pudiese ser su hasta luego al gran hermano que Dios le envió. A las 4:30 le hablaron para decirle que regresara al hospital, cuando llegó, Julio había fallecido. Una vez más, le tocó a Roberto darle a mamá Julieta una noticia así.
Julio nunca dijo estar enfermo; sin embargo, el deterioro de su físico era alarmante. En el hospital tenía la ilusión de seguir viviendo y a la esposa de Roberto le decía que cuando lo diesen de alta iría al balneario de Palo Bolero. Roberto considera que sí estaba consciente de su gravedad y por ello adoptó dos canciones: *Ay, amor, ya no me quieras tanto* y *Sombras*, que si escuchamos bien, son canciones de despedida.
El velorio fue en la funeraria Gayosso de Sullivan y se avisó en el noticiario de Guillermo Ochoa la muerte de Julio Castillo. Roberto llegó con su esposa y mamá Julieta a la funeraria, desde temprano empezó a llegar gente que que-

ría al tercer Julio Castillo, desde artistas de renombre hasta jóvenes artistas. Así empezó una gran concentración que expresaba consternación por su fallecimiento.

Como hermano de Julio, puedo decirles que una vez más confirmé que Julio fue un ser extraordinario, y pudo transmitir su magia a un gran número de gente del medio artístico, que hasta las doce de la noche seguían llegando al funeral. Roberto se hizo cargo de todo y se indignó cuando una persona cercana a Julio le dijo que se estaba especulando para hacerle homenajes a Julio con un fin mercantilista y para beneficio de los promotores. Entonces decidió decirles que estaba agradecido por haber acompañado a la familia y les pedía que ya se fuesen. Delia Casanova se acercó a él y le dijo: "Quiero que entiendas que tú fuiste su hermano carnal, pero los actores fuimos sus hermanos de vida". La decisión ya estaba tomada y todos se fueron; solamente se quedó el gran actor Luis Rábago, Roberto supo después que nunca quiso separarse del féretro de su amado maestro Julio Castillo.

Roberto y su esposa se llevaron, en contra de su voluntad, a descansar a mamá Julieta en un hotel cercano, en la madrugada, él fue a la funeraria y se sintió culpable de haber pedido que se fueran, sin imaginar que todos ellos se habían organizado para hacer un homenaje de despedida a Julio.

El último día de vida de mi hermano conmigo es difícil de narrar, pero hay algo que me impactó cuando me dijo: "Betito, por si ya no estuviese yo, quiero dejarle un ahorro a mis hijos, Martín y Juan Cristóbal. Lo tengo guardado debajo del colchón. Creo que son casi 35 mil pesos". Eso refleja, una vez más, que Julio no sabía ni tenía idea del valor del dinero, para él, esa era una gran fortuna que había acumulado. ¿Cómo no querer a un ser tan extraordinario? Los dos hermanos hicieron un recorrido de sus andanzas y se rieron al recordarlas. Y recordaron a cada personaje que los rodeó y ambos dijeron estar agradecidos con la vida que les había tocado.

Origen de la familia Castillo Margain

***

De parte de la mamá

Los cuatro hermanos varones, Roberto, Julio, Enrique y Fernando, sin olvidar a Norma, la única hermana, vienen al mundo en los años 40 y principios de los 50, cuando la nación iniciaba su etapa de desarrollo, había terminando la Segunda Guerra Mundial y las guerras en México eran un eco. Su madre fue una mujer rubia, optimista y alegre, de nombre Julieta. Ella nació en Chihuahua, Chihuahua. Su padre fue hijo de un militar y diplomático francés de nombre Alfredo Margain, quien, para poder ingresar a México, necesitaba casarse con una mujer mexicana. Alfredo, por razones desconocidas, estaba en el Paso Texas en donde los conoció el hermano de un rico empresario de Chihuahua, él puso al tanto de esa situación a su hermano mayor, don Mariano Pacheco, quien ni tardo ni perezoso consideró que era la oportunidad que esperaba para casar a su única y adorada hija con gente de alcurnia. Mariano había dedicado tiempo y fortuna en la educación de su amada hija, la joven Julia Pacheco. Ella, cuenta la familia, hablaba inglés, entendía bien el francés, italiano, además, había estudiado para ser concertista de piano y sabía hacer tru tru.

En breve, Julia, junto a su padre, se trasladó al Paso, Texas, en donde se pusieron de acuerdo ambas familias para arreglar el matrimonio y celebrar la boda por lo civil de Julia Pacheco y Alfredo Margain. La ceremonia se llevó a cabo en aquella ciudad y, con ello, la familia Margain pudo introducirse a México. En tierras nacionales, hubo un gran festejo en Ciudad Juárez, Chihuahua. El nuevo matrimonio se mudó a la capital del país, sitio que eligieron para fundar a su familia. De ellos, Alfredo y Julia, nacieron tres hijos: Alfredo, Guillermo y Julieta. Sin embargo, y de manera muy lamentable, Alfredo Margain, padre, falleció joven y sus hijos quedaron huérfanos siendo aún niños, pero la familia Margain no los dejó solos y los adopta. Julieta creció bajo el lecho de la familia paterna.

***

De parte del viajero

Roberto, Julio y sus hermanos tuvieron un padre y se llamó Julio Castillo Martínez, el segundo Julio Castillo. Él, al contrario de la matriarca de los Margain Castillo, nació en Tepeaca, Puebla, y su padre fue el primer Julio Castillo. Según se cuenta, el primer Julio apareció un día en un poblado donde vivía una mujer indígena, ella llevaba por nombre Amada Martínez. Cuando Amanda conoció al primer Julió, quedó prendada de ese hombre apuesto, alto, de tez blanca y, de quien continúa la leyenda, era abigeo, es decir, robaba ganado. Ingenioso, el primer Julio imprimía su propio dinero con el cual, sin regatear, compraba cabezas de reses y, seguramente, amores. Doña Amada se fue con él y él se fue sin ella. Se ignora cuál fue su destino. No obstante, una parte de aquel Julio permaneció con ella, pues procrearon dos hijos varones: Julio, el segundo Julio Castillo, y Moisés. A pesar de esto, lo cierto es que el primero Julio Castillo fue el gran amor de doña Amada Martínez, ella lo contaba así, cuando lo conoció, ya era madre de cinco varones, cuyo padre fue don Nicolás Barroso. Doña Amada tenía un pasado tan incierto como el del quien fue su fugaz pareja, decía haber nacido y vivido en un poblado que, supuestamente, se llamó San Juan Ixcatixtla, pero Roberto, años más tarde, revolvería información en diversos códices oaxaqueños tratando de dar con la localización geográfica de dicho pueblo y nunca lo encontró.

Amada Martínez era una mujer de carácter recio, posesiva, sumamente inteligente y de una gran sensibilidad, por ello, a pesar de haber aprendió la lengua española a los 17 años y nunca asistir a la escuela, podía alternar con gente de abolengo, como su consuegra, la abuela Julia. Para los hermanos Castillo Margain, el binomio de sus abuelas fue de gran aprendizaje y decían que era un deleite escucharlas y observar a esa dupla, en donde cada una tenía su rol. La abuela Amada preparaba exquisitos platillos oaxaqueños y poblanos, a pesar del precario presupuesto, mientras la abuela Julia los disfrutaba como si fuesen los más caros manjares, aunque eran guisados simples. La abuela Amada se sentía orgullosa de atender a una mujer "de razón", como calificaba a la abuela Julia, quien, se sorprendía de la cultura desbordante de doña Amada, pues, aunque no tuvo la misma educación, podía conversar con ella al mismo nivel. Ellas fueron importantes en la infancia de Julio, Roberto, Enrique y Norma, de abuela Amada y de abuela Julia aprendieron a reconocer que los seres humanos son iguales y que las clases y las diferencias sociales desaparecen cuando hay respeto y cariño. El extremo de esas dos culturas permitió que los hermanos apreciaran la inmensidad de la vida.

***

Entre la mamá y el viajero

Julieta Margain Pacheco fue un pilar en esta familia. Cuando quedó huérfana de padre fue adoptada por la familia de este. Ella y sus dos hermanos, Alfredo y Guillermo, crecieron con ellos hasta los 16 años. Al menos así fue hasta que apareció el amor de su vida, Julio Castillo Martínez. Él era, como dicen, "un hombre corrido", hacía gala de su físico alto y fornido, lo que le daba personalidad, era un romántico y tocaba la guitarra para acompañar el canto de los boleros. Era admirador de Gonzalo Curiel y despreciaba a Agustín Lara. "Sus canciones eran para damas de la noche", decía.

El segundo Julio Castillo era un conquistador nato. Acostumbraba a salir en búsqueda de niñas bien, asistía al salón de baile más exclusivo de esa época, el Ciro's de las Lomas, donde, todas las noches, la orquesta del «Pelón» Mondejar resonaba en los muros del lugar y era el lugar favorito de la jovencita Julieta Margain. Ella iba acompañada de sus primos, Eugenio, Silvio y Hugo, y su prima, Yolanda Margain, la cual, años más tarde, se casaría con el Arquitecto Carlos Lazo, famoso por estar involucrado en la construcción de Ciudad Universitaria y fallecido en el mismo accidente aéreo viajaba la actriz Blanca Estela Pavón. Todo un nefasto acontecimiento.

Decía Julieta que Julio fue un flechazo para ella. Por eso no dudó en renunciar a la familia Margain con tal de lograr que fuese su pareja. El noviazgo de Julieta y Julio fue intenso, en breve tiempo llegó el primer embarazo. Se fueron a vivir juntos y, a los pocos meses, nació el primogénito de esa pareja, el tercer Julio Castillo. Él, además de ser el primogénito de la joven pareja, fue el hermano más querido e influyente en la formación de Roberto. Este tercer Julio Castillo fue un predestinado y logró trascender de tal manera, en su actividad teatral, que el teatro Del Bosque fue rebautizado con su nombre.

Pareciera una novela todo el mundo mágico que va a rodear a la, en aquél entonces, nueva familia Castillo Margain. Es difícil imaginar que Julieta renunció a un mundo de comodidades para irse a vivir a una vecindad del centro de la ciudad, en donde además vivía doña Amada con los medios hermanos del segundo Julio Castillo, los hermanos Barroso, grandes seres humanos, y su único hermano carnal, Moisés Castillo. Justo Moises, años más tarde, contaba que doña Amada no podía creer que una jovencita así fuese a ser su nuera y, aún cuando ello le agradaba, la recibió con reservas y celos, gesto común en ella, pero internamente le tenía admiración por ser rubia.

Los hermanos Barroso y Moisés Castillo protegieron de alguna manera a Julieta de doña Amada y de su propio hermano, pues sabían de su espíritu aventurero y gran debilidad por las mujeres. Sin embargo, aunque el segundo Julio Castillo tuviera esta fama, le tenían admiración por haber sido quien los trajo a la Ciudad de México. Era un ser audaz y autosuficiente, a pesar de no haber conocido a su padre, pues los abandonó desde pequeños, se costeó en Tepeaca, Puebla, su educación primaria y sus estudios de taquimecanógrafo, un hecho inusitado en esa época. Con esa preparación, lleno de audacia y confianza en sí mismo, se trasladó a Tehuacán, en el mismo estado, con su madre y su hermano Moisés, y consiguió un trabajo en la embotelladora del agua mineral, donde se ganó el afecto de los dueños, particularmente del señor Peñafiel, no obstante, su espíritu aventurero fue más grande y dejó ese trabajo para viajar por diversos lugares de México. Después de un tiempo, se estableció en el Distrito Federal, luego de conseguir un trabajo en Chrysler, y, de nueva cuenta, se trajo a su madre, a su hermano Moisés y a sus hermanos Barroso Martínez. Aprendió a tocar la guitarra y a cantar boleros finos de Gonzalo Curiel. Su físico alto, fornido, el vestir elegantemente y su romanticismo cubría todo lo que Julieta Margain deseaba que su pareja tuviese, por ello se enamoró perdidamente de él y, aún sabiendo de su fama de mujeriego, procrearon cinco hijos, cuatro hombres y una linda mujercita, de nombre Norma, quien fue la adoración de todos.

* * *

A modo de biografía (Primeros nacimientos)
Julio Castillo Margain

Regresemos al embarazo de Julieta, quien da a luz a su primogénito, el tercer Julio Castillo, en un hospital elegante. El parto ocurrió en Las Lomas y fue todo un acontecimiento para la familia Castillo Barroso, no así para la familia Margain. Ellos nunca aceptaron esa unión.

Como ya dijimos, el tercer Julio Castillo fue un predestinado. Era rubio y tenía ojos de un color azul intenso. Sus rasgos cautivaron a su abuela, doña Amada, la gente dice que lo veneró como si fuese un ser divino y esa idolatración se convirtió en un amor posesivo. La adoración fue tanta que provocó que le diera crianza, de hecho, se lo quitó a su madre Julieta, argumentando que era casi una niña y no podía hacerse cargo de su hijo. Julio Castilló se quedó a vivir con ella y fue sobreprotegido hasta la adolescencia. Durante este tiempo, doña Amada le infundió su manera de entender la vida; sus creencias, entre religiosas y paganas, calaron tan profundo en Julio que se aprecian en algunas de las obras de teatro que llegó a dirigir y entre las cuales se nota un toque profano.

***

Roberto Castillo Margain

El papá, el segundo Julio Castillo, dejó su anterior empleo para convertirse en agente viajero; se convirtió en el Viajero. Por eso, dejó a su primogénito con la abuela Amada y el tío Pedro. Julieta, aún cuando iba diario a ver a su hijo, prácticamente se quedaba a vivir sola en un pequeño departamento de la colonia San Rafael y, en uno de los regresos del Viajero, se embaraza y nace nuestro narrador, Roberto, un año y ocho meses después de su hermano.

Roberto nació con una salud precaria, incluso se pensó que podía fallecer en el área de maternidad. Tal fue el peligro que lo bautizaron allí mismo y era tan delgado que le pusieron el kilo. Su color de piel y sus ojos ya no eran los del tercer Julio Castillo. Fue criado por su madre, quien tenía debilidad por él, pues padecía asma y en varias ocasiones lo salvó de asfixia. Ella hervía Vick Vaporub y con los dedos quemados se lo aplicaba en la garganta para que volviera respirar. Roberto recuerda esos momentos como un acto de gran amor de mamá Julieta.

* * *

Enrique Castillo Margain
Tres años después, el Viajero vuelve a embarazar a Julieta y nace otro niño rubio, pero de ojos verdes en la misma maternidad en donde lo hizo Roberto, quien siempre ha dicho que Enrique era el más inteligente, fuerte y audaz de la familia.
Ya con tres hijos, el Viajero, el segundo Julio Castillo, decide buscar un trabajo estable y logra contratarse en la compañía de seguros La Atlántida.

* * *

Fernando Castillo Margain
En menos de dos años, nace el cuarto varón, Fernando. Él falleció cuando apenas tenía un año y solo hay queda su registro en los recuerdos, dicen que era pelirrojo y de ojos claros. Su fallecimiento fue un impacto brutal para Julieta. Ella entró en una inmensa depresión y los médicos alarmados recomendaron que volviera a tener otro hijo.

* * *

Norma Castillo Margain
Así nació una linda niña, bautizada como Norma Araceli. Ella vino a cambiar la vida de su madre y sus tres hermanos. Julieta les dio por instrucción que debían dedicarle toda su atención, y cuidarla como la niña de sus ojos. Se acabaron por un tiempo los juegos callejeros y, no obstante, la alegría de tener una hermanita los hizo felices.

Con Norma terminó la etapa de gestación de Julieta y el Viajero retornó a su trabajo de vendedor. Las condiciones económicas, una vez más, se hicieron difíciles para Julieta.

***

Entre la vecindad y otros familiares
Semblanza de la vecindad del centro del Distrito Federal
En el centro se desarrollaron numerosas vecindades de diversos tamaños, una de ellas es la Casa Blanca, conocida como la más grande, ubicada en el barrio de Tepito. En cambio, donde vivían la abuela Amada y el tío Pedro, era de tamaño mediano, dividida en tres áreas. En la parte de arriba vivía la gente con más recursos y eran todos unos personajes. Por ejemplo, la doctora Aguirre y su hija Marisa, perdidamente enamorada de Julio. Él le daba entrada porque fueron de las primeras en tener televisión y los viernes les dejaban ver la lucha libre, momento que ella aprovechaba para sentarse cerca de Julio. También estaba un matrimonio que vendía juguetes, don Pancho y doña Lola; cuando subían las escaleras, les decía a las vecinas de abajo, "nosotros los ricos y ustedes los pobres".

Los vecinos de la parte de arriba compartían piso con una pequeña fábrica de suéteres de un par de hermanos judíos. Ellos daban trabajo a las mujeres que vivían en la vecindad. Las vecinas, durante sus horas libres, cosían y ponían botones a los suéteres. En sus propios cuartos tenían las pequeñas máquinas de costura, ahí trabajaban a destajo hasta altas horas de la noche para apoyar el gasto familiar. Doña Amada y Julieta también pasaban sus días pegando botones y cuando vieron que Roberto sabía sumar muy bien, se apoyaron en él para que les hiciera las cuentas a ellas y a las vecinas. Bajo el tedio del trabajo, el tío Pedro tomaba la guitarra y cantaba tangos y boleros cubanos con muy buen estilo, sin duda, hacía menos difíciles esas jornadas de trabajo. Tan bueno era el ambiente que las damas de la noche también se acercaban y eso se convertía en tertulias. Seguramente allí, Julio, Roberto y Enrique germinaron su vocación bohemia.

* * *

El tío Pedro y Julio Castillo Margain

Buena parte de la infancia, los hermanos Castillo Margain, la vivieron en esa vecindad del centro ubicada en la esquina de las calles de Brasil y Ecuador, es decir en pleno centro del Distrito Federal.

El medio hermano del segundo Julio Castillo, se llamaba Pedro Barroso Martínez y era el sostén de la abuela Amada. Vivían juntos y, por esa razón, el tercer Julio Castillo tuvo una gran influencia de él, podríamos considerarlo su mentor, pues le propició todos los elementos para desarrollar y enriquecer la capacidad innata de su sobrino, a quien quería como si fuese su hijo. Incluso se le veía orgulloso, si le preguntaban si lo era. El tío Pedro mostraba galanura, era moreno y contrastaba con el color blanco de su medio sobrino, a quien hizo su compañero inseparable y, sin pretenderlo, le inculcó el gusto por el cine, por el teatro y por las carpas. No solo lo llevaba a esos lugares, también le propiciaba elementos para que manifestara su creatividad desde niño. Cuando el tercer Julio Castillo tenía 8 años, le compró, en Tepito, un pequeño cine usado con dos películas que difícilmente se veían. Para el pequeño creativo, esto no era un impedimento, pues las terminaba narrando y cada vez cambiaba la versión. Su público eran los hermanos y sus cuates de la vecindad. También hizo un pequeño teatro y Julio, con su apoyo y el de sus hermanos, presentaron funciones de títeres. Entretenían a todos en la vecindad, imitando lo que habían visto hacer a los geniales hermanos Rosete Aranda.

Julio, saliendo de la escuela primaria, que era vespertina, se iba con el tío Pedro al cine y, los viernes, a los teatros o carpas, según alcanzará el presupuesto. Cuando cumplió 13 años y entró a la secundaria, Pedro lo convirtió en el recepcionista del taller de maniquíes en donde trabajaba. Lo preparó bien, su sobrino se volvió hábil para atender a los clientes, a quienes les describía los productos de yeso que allí se fabricaban, desde pies para calzado, piernas para medias, pecheras para blusas y suéteres y los maniquíes para ropa de mujer y de hombre. Roberto recuerda que lo que más le gustaba ofrecer su hermano eran los bustos con las caras y cabezas de los actores norteamericanos para que los comerciantes exhibieran sus sombreros Tardan. El tío Pedro era un escultor nato y de simple vista podía replicar a los actores de moda, usándolos como modelos, sin que nunca hubiese tenido algún problema. Humprey Bogart, Clark Gable, Gary Cooper y Roberto Taylor eran los que más se vendían. En esa época los hombres vestían elegantemente, siempre de traje, camisa de vestir, corbata y su principal prenda eran los sombreros. También Julieta superó la inestabilidad emocional y económica gracias al apoyo del tío Pedro Barroso Martínez.

***

La calle Órgano, ubicada en la Zona Roja

A una cuadra de donde creció la familia Castillo Margain estaba esta calle y varias de sus prostitutas vivían en la misma vecindad. La abuela Amada decidió prepararles y venderles comida y, en unas portaviandas se las llevaban, Julio y Roberto todos los días. Ellas los veían con simpatía y los ponían de ejemplo a sus hijos que eran los cuatachos de ellos. No había morbo y los hermanos aprendieron a respetarlas, pues Mamá Julieta decía que eran mujeres ejemplares, necesitadas de dar vivienda y alimentos a sus familias, sacrificando su propio cuerpo. En la obra de Jesús Dávila, *De la calle*, Julio y Jesús les hacen un reconocimiento.

* * *

El tío José Barroso, Capitán en la División del Norte

Convivieron con un tío teporochito, el Capitán José Barroso. Él aseguraba haber sido de Los Dorados, guardia personal de Pancho Villa, y que por el fallecimiento de su esposa y la pérdida de su único hijo se volvió alcohólico. El tío Pedro con su gran corazón rescató a su hermano mayor, quien ya estaba paralítico, y le asignó un lugar. Era un indigente y se resistía a que lo bañaran, pero a primera hora lo sacaba el tío Pedro a la calle, lo sentaban sobre una silla medió desvencijada y la abuela Amada lo obligaba a que le prometiera no pedir limosna, lo cual, por supuesto, desobedecía y, tan pronto tenía lo suficiente para comprar dos litros de pulque, mandaba a Julio y Roberto a la pulquería por su caldo de oso. Aunque eran unos niños, se los vendían a la calladita, pues una vez, el propietario de la pulquería, Los Eructos de Nerón, mandó a una persona para cerciorarse que no era para ellos, sino para su tío lisiado y amante del neutle. La escena inicial de la obra *De la calle* fue una alegoría de un momento sublime dedicado al Capitán José Barroso, quien les contaba grandes historias al tercer Julio Castillo y a Roberto. Ellos le creían y las disfrutaban, nunca se burlaron de él, lo respetaban y, cuando regresaban de la escuela primaria, junto a mamá Julieta lo metían al cuarto, ya a medios chiles.

El tío padrino, Moisés Castillo.
El único hermano de sangre del segundo Julio Castillo fue su hermano menor, Moisés Castillo, bohemio de corazón y su gran habilidad para tocar una guitarra, novedosa en aquel tiempo, llamada tresillo, lo llevó a formar parte de un extraordinario grupo de músicos mexicanos, El Son Clave de Oro. Allí llevó al tío Pedro como cantante y bongoncero, los dos eran suplentes de los titulares, los cubrían esporádicamente. Roberto recuerda bien esa época desde niños y aunque ni él ni Julio fueron bailadores, les agradaba escuchar y entonar algunos compases de la música cubana que ellos tocaban.
El tío Moisés bautizó o confirmó a los hombres Castillo Margain, por eso los tres le decían respetuosamente Padrino y lo querían mucho. A Julio y Roberto los bautizó como los Cocholines y a Enrique como el Perujo. Le encantaba presumirlos con sus amigos y les decía, "déjenme darles un disfruto", los besaba dejándoles un tufo de pulque, su bebida preferida. Por el padrino Moy, conocieron el Salón México, ya que era un excelente ebanista experto en mobiliarios de bares y cabarets. Roberto aún recuerda el impacto de haber visto ensayar a los pachucos, grandes bailarines de danzón; en la noche competían con las interpretaciones del gran Acerina y su Danzonera. Para los dos hermanos, eran sus ídolos y decían que de grandes querían ser como ellos. También conocieron el Guadalajara de Noche, acérrimo enemigo del emblemático Tenampa y allí vieron a grandes cantantes de ranchero ensayar con mariachis de primera; también querían ser cantantes cuando crecieran.
El padrino Moy vivió en varias vecindades del Centro por muy corto plazo de tiempo, la razón fue la falta de pago de

la renta. La adorable tía Leonor, su esposa, era consecuente y nunca se quejaba, al menos no delante de los niños. Por su trabajo en el Salón México, un señor, que se conmovió de él cuando le contó que no tenía lugar para llevarse a su familia, le prestó una habitación con paredes de cartón. Así pudo tener dónde dormir junto a la tía, el primo Manuel y mis tres adorables primas.

Un viernes en la noche fueron a visitar al padrino y, para su sorpresa, este veía la televisión de su benefactor a través de un pequeño agujero que había hecho. Por coincidencia, esa noche luchaba el Santo contra el Gladiador y la emoción de los tres hermanos y el primo Manuel estaba al máximo. Convencieron al Padrino que los dejase abrir otros dos agujeros y se turnaban los cuatro. La lucha iba empatada y en la tercera caída, que era la definitiva, El Santo se aventó su toque atómico y luego le aplicó su llave favorita, la de a caballo. El Gladiador se rindió. Sin medir consecuencias y en plena algarabía, le pegaron a la pared de cartón y cayó del lado del benefactor, él, al día siguiente, pidió que desalojaran. "A lo mejor fue porque le iba al Gladiador", le dijeron los hermanos a su padrino.

Todos estos personajes, que conformaban la familia, influyeron en los hermanos Castillo Margain y por ellos desarrollaron una sensibilidad y disponibilidad para festejar todo tipo de eventos, incluso en los velorios.

Primeros años

***

Influencia del radio en la niñez de los hermanos

El radio merece el mayor reconocimiento de todas las familias mexicanas, era el bálsamo que les permitía olvidar sus penurias al ofrecer una gama de música y diversión durante sus programas. Roberto recuerda con especial cariño dos de ellos: *La Banda de Huipanguillo*, cuyo personaje principal era Don Celso Boquerones, interpretado por José Ángel Espinoza, «Ferrusquilla», y su esposa la Bardomiana.

La hora de Arturo Manrique, «El Panzón Panseco», formador de un cuadro de actores cómicos extraordinario, que después trascendieron en lo individual: Luis Manuel Pelayo (Félix Amargo y después Blackman), Omar Jasso «el Mocozón», Pedro de Aguillón (después actor de cine y de doblajes) y el Tío Laureano, interpretado por Eulalio González, posteriormente el Piporro en la gran serie radial *Ahí viene Martín Corona*, interpretada por el inmortal Pedro Infante. Cuca la telefonista, quien deja este personaje cuando contrae matrimonio con Tomás Perrín, creador del programa del detective Carlos Lacroix. "-¡Cuidado, Carlos, cuidado!-¡Dispare, Margot, dispare!" era su presentación.

Además de este semillero de estrellas, existieron otro tipo de programas. Las series de misterio: *El Monje Loco*, con el extraordinario actor radiofónico Salvador Carrasco; Apague la luz y escuche, con el ídolo Arturo de Córdova. Las comedias familiares: *La familia Quiñones* y *La familia Michel*, con esos grandes actores Lilia Michel y Rafael Baledón, sin faltar La casa de huéspedes de la gran actriz cómica Carlota Solares. Incluso se le hacía un reconocimiento al cuerpo policiaco mediante los programas *La Policía siempre vigila* y *El genial detective Peter Pérez*. Para las madres de esa época, las radionovelas eran su máxima comunicación con el radio. El derecho de nacer, con el actor de origen español José Baviera, paralizó a medio México, también *Corona de lágrimas* con la gran actriz Prudencia Grifell. *El muro del odio* con el mejor actor radiofónico de todos los tiempos, José Antonio Cosío, quien no pudo triunfar en la televisión. El encanto de su voz no correspondía al de su físico. Julio y Roberto tuvieron la oportunidad de ver la producción en vivo de una radionovela, nunca se imaginaron lo que se hacía para producir efectos de fondo y cómo los actores estaban de pie frente a un micrófono, leyendo sus papeles.

A través del radio, se fortaleció la educación de los oyentes mexicanos mediante programas como *Los catedráticos, Los niños catedráticos, El Doctor IQ* de Jorge Marrón, *El profesor Colgate* con el chileno Nono Arzu y el programa que paralizaba al país con sus participantes, *El gran premio de los 64 mil pesos*. También se hicieron programas de concurso, como *El cochinito*, para identificar canciones, y *La hora del aficionado* para descubrir nuevos cantantes.

La radio mexicana fue pionera y líder en América Latina, a través de la XEB y la XEW, cuna de Televisa, con sus grandes locutores: Alonso Sordo Noriega y Pedro de Lille, quien tenía la facultad de darle un nombre a los cantantes, como Emilio Tuero, «el Barítono de Argel»; Fernando Fernández, «el Coronel de la canción»; y el mejor, «el Samurái de la Canción», para el inolvidable, Pedro Vargas. Por cierto, Pedro de Lille y Felipe Bermejo Araujo compusieron el gran *Corrido a Chihuahua*. El nieto de este último es un gran amigo de Roberto, Andrés Silva Iturbe.

También existían programas para fortalecer las relaciones maritales o de novios; *La Doctora Corazón* era la más importante. Para los niños, Gabilondo Soler, «Cri-Cri», hizo surgir la magia en su programa *¿Quién es el que anda allí? Es Cri-Cri*. El «Mago» Septién, extraordinario narrador del béisbol norteamericano y mexicano, al igual que de las grandes peleas de box. *La hora nacional* reunía a la mayoría de los mexicanos adultos para escuchar a los cantantes de moda y era el canal de comunicación del Gobierno. Por ello, todas las emisoras de radio suspendían su programación para enlazarse.

En el caso de la familia Castillo Margain, el radio fue un gran aliado de mamá Julieta para la formación de sus hijos. La televisión no influyó tanto en la niñez de los hermanos por carecer de ella, y solamente veían esporádicamente las luchas, las peleas de box y, la película religiosa de Semana Santa, *El Mártir del Calvario*.

* * *

Educación primaria de los tres hermanos en la insigne escuela Efrén Valenzuela

Las mejores escuelas públicas estaban en el centro y eso era una razón muy importante para Julieta, este hecho le ayudó para aceptar vivir en esa vecindad en condiciones precarias, a cambio poder inscribir a sus tres hijos varones, y a la niña, en buenas primarias. La abuela Amada les decía que era necesario estudiar para que no los expulsaran y tuvieran que ir a escuelas de paga, en donde "solamente estudiaban los burros". La educación escolar era una obsesión para Julieta, así que hizo todo lo que estuvo a su alcance para que los tres hijos varones estudiaran y lograran ser universitarios. Aunque lo logró, tuvo que afrontar situaciones difíciles, sobre todo para poder adquirir los libros y útiles que les pedían en la escuela. Roberto recuerda la angustia de su mamá, pues movía mar y cielo para obtenerlos.

Una ocasión le comentó su situación a un bondadoso propietario de un puesto callejero, ubicado cerca del mercado de la Lagunilla, el hombre era el propietario de El Apagón, porque continuamente se quedaba sin luz, luego de escucharla, él mismo le propuso a mamá julieta que terminando la venta del día fuese en la noche con sus tres hijos para ayudarlo a ordenar el material escolar y, en recompensa, les surtiría su lista con cuadernos baratos y libros usados. Esto fue no problema, el tío Pedro sabía forrar muy bien y así se presentaron los tres hermanos con su portalibros de plástico, no alcanzaba para mochilas, y, en lugar de pluma fuente, llevaban su manguillo con tintero. Era toda una odisea saberlo usar. El espíritu indomable de Julieta y el amor y paciencia del tío Pedro, se convirtieron en un ejemplo de vida para los tres.

Un suceso inolvidable que más adelante se comentará es que Julio y Roberto terminaron el sexto y quinto año, respectivamente, como los más aplicados. En la ceremonia de fin de curso, Julio le entregó la bandera de México a Roberto, el plan consistía en que ambos dieran un breve discurso memorizado. Pero a Roberto le entró el pánico escénico y no pudo hacerlo. Julio lo rescató improvisando.
Por situaciones como esas Roberto siempre admiró a Julio y siempre le ha estado agradecido.

* * *

Primera comunión de Julio y Roberto
A Roberto le urgía hacer la primera comunión para eliminar de una vez por todas sus miedos a las apariciones y mamá Julieta habló con la catequista, la señorita Alicia, ella vivía en la vecindad, por lo que la inscripción al catecismo fue rápida. Julio lo hizo por cumplir, a diferencia de Roberto a quien le puso el Rezandero. Llegó el día de la confesión, Julio fue el primero en pasar ante el padre, cuando salió, Roberto le preguntó qué pecados debía decirle al padre, Julio le dijo "di que ves a las mujeres encueradas del teatro y de las carpas". Roberto, frente al confesionario, abrió su charla diciendo "confieso padre que he visto mujeres encueradas", "¿a quiénes?", preguntó el padre, Roberto comenzó a enlistar: Tongolele, Kalantán, Su Muy Key, pero el padre lo interrumpió para preguntarle en dónde es que las veía, Roberto, obediente, confesó que en el teatro y en las carpas cuando su tío Pedro los llevaba. Cuando terminó de escuchar, el padre le dijo, "al que deben traer a confesar, es a tu tío Pedro"

* * *

Del cine, teatro y carpas

Las vivencias en estos espectáculos fueron la cuna y origen de donde surgió la imaginación y la magia de los tres hermanos, pues desde pequeños disfrutaban de estos espectáculos. Buena parte de lo que ganaba el tío Pedro, y después Julio y Roberto, se iba en la compra de boletos de galería en los teatros de revista, de luneta común en las carpas y de luneta o anfiteatro en los cines de barrio que pasaban tres o cuatro películas con permanencia voluntaria.

* * *

Hablemos del teatro

Los hermanos, durante su niñez y parte de su adolescencia, no podían ir a luneta de los grandes teatros por falta de recursos; sin embargo, sí tuvieron la oportunidad de ver, en galería o anfiteatros, la representación de la obra *El pájaro azul* en el majestuoso Teatro de Bellas Artes. También vieron la representación de *Don Juan Tenorio*, en época de difuntos, con actores como Gonzalo Correa; tampoco faltaron a ver *El mártir del Calvario*, con el gran actor Enrique Rambal, durante la Semana Santa. Asimismo, presenciaron el debut de Angélica María y María Rojo en el Teatro Arbeu, con la obra *La mala semilla*, cuando apenas eran unas niñas, y se asombraron con los tenebrosos magos Kalimán y Fu-Manchú. No se perdieron la obra *El huevo de Colón*, con la cual se inauguró el Teatro de los Insurgentes.

¿Cómo no agradecerle al tío Pedro el haberlos llevado a esos maravillosos espectáculos? De ellos, Roberto recuerda con gran cariño el de los Títeres de Rosendo, ya que parecían reales y vestían vistosamente, sobre todo cuando escenificaban las corridas de toros, que después Julio representaba en un pequeño teatro hecho por su tío. Sin duda, fue la primera manifestación artística.

Un espectáculo que los impactó de sobremanera fue ver en vivo la *Pasión de Cristo* en Iztapalapa, siendo en aquel entonces un rito religioso que se ha ido haciendo pagano conforme lo han ido comercializando. Roberto lloraba a moco tendido y Julio lo consolaba diciéndole que no era real.

* * *

Incursión en el boxeo

El tío Pedro también los solía llevar a la Arena Coliseo, que estaba a tres cuadras del taller de maniquíes, para ver gratis las peleas de los boxeadores que recién iniciaban. El espectáculo giraba alrededor de un torneo llamado *Los guantes de oro*. La demanda para inscribirse era enorme y venían adolescentes de todos los barrios. Era la actividad más cercana para salir de la pobreza, por eso los preparaban entrenadores que tenían su establo y practicaban en los baños públicos que contaban con gimnasio. Los mejores se convertían en profesionales, pero a los nuevos los presentaban en las peleas por sueldos miserables. Eran adolescentes muy fuertes, trabajaban de albañiles o cargadores, eran rudos y buenos para las peleas callejeras, aunque no tenían técnica para el boxeo.

En ese tiempo, un chamaco, durante algún tiempo, trajo de sus puerquitos a Julio y a Roberto, hasta que el segundo de los hermanos Castillo Margain tomó valor y se le enfrentó cuando el abusivo le faltó al respeto a mamá Julieta y a la tía Yolanda. Roberto ganó la pelea en la escuela primaria. El tercer Julio Castillo se asombró y consideró que su hermano podría ser boxeador profesional. En contra de su voluntad y con gran miedo le trajo contrincantes callejeros, pero, inusitadamente, Roberto les ganó. Ante la racha, Julio convenció al dueño de la funeraria que estaba afuera de la vecindad para que fuera el patrocinador de Roberto y lo inscribieron en *Los guantes de oro*.

Lo calzaron con una bata bordada con el nombre de la Funeraria Pelayo; le embutieron zapatos, guantes y se pagó la inscripción. Roberto cuenta que padeció desde que le vendaban las manos. Subió al cuadrilátero y, muerto de miedo, vio a su contrincante: era chaparro, pero era un toro y, tal cual, tan pronto como inició la pelea, sintió unos golpes tremendos en todo el cuerpo, solo alcanzó a cubrirse la cara y en menos de dos minutos recibió una tranquiza. Perdió por nocaut técnico, no soltó ningún golpe. Quería matar a Julio por haberlo metido en esa traumática aventura, pero tenía el cuerpo molido. Fue su debut y despedida. Después de la derrota, Roberto le heredó la bata, zapatos y guantes al siguiente boxeador que consiguió su antiguo patrocinador.

* * *

Los cines se dividían en cuatro categorías

La de lujo, conformada por cines que les decían teatro cines, eran elegantes y majestuosos. Destacaron El Ópera de la colonia San Rafael; El Roble y, posteriormente, El Chapultepec; El Latino; El Diana, sobre avenida Reforma; El Alameda y El Teatro Chino, cercanos a la Alameda Central, El Majestic, en la colonia Santa María. Después de estos, se hicieron cines enormes en lugares más populares, de ahí surgieron las otras categorías, por ejemplo, El Jalisco, en Tacubaya; El Florida, en la colonia Guerrero; El Internacional, en avenida Cuauhtémoc.

De categoría media, se conocieron El Rivoli de la colonia San Rafael, El Bahía y El Victoria ubicados en la avenida Peralvillo, cerca de Tepito. De categoría popular, el cine favorito de los hermanos Castillo fue El Máximo, de la calle República de Brasil, donde vivieron la mayor parte de su niñez y es el recinto en el cual se inspiró el cine de la obra teatral *De película*. De la categoría piojito, la más pobre, estaban El Alarcón, El Odeón o El Isabel en donde los tres junto a su tío Pedro disfrutaron las películas de Tin Tan y su carnal Marcelo.

En las colonias Tacubaya y Escandon, estaban las cuatro categorías de cines, El Jalisco con *cinemascope*, y hoy sede de un templo religioso, y El Ermita, construido por el arquitecto Sordo Madaleno. En sus inicios, los cines Tacubaya y El Hipódromo, ambos de categoría popular, y El Cartagena, categoría piojito, y algo increíble, sobre el camellón, que ahora es Benjamin Frankjlin, el cine Primavera era propiedad del padre de un amigo de Roberto, Gerardo Fagoaga.

El cine que más les sorprendió fue El Teatro Cine Del Pueblo, ubicado en el mercado Abelardo Rodríguez, ya que el público dejaba amarrados a sus chivos y borregos que habían comprado. Podían entrar cargando a sus conejos y gallinas. El inmueble es majestuoso, pero olía muy diferente a su aspecto, pues además de los animalitos los concurrentes lo usaban para degustar un buen pulque y curados para acompañar todo tipo de tacos. Es lo más pintoresco que vivieron. Entre todos estos recintos, hubo tres cines para los cinéfilos. El Versalles, ubicado en la avenida Cuauhtémoc, El París y Paseo, cercanos a la glorieta de Colón, en donde se presentaban las muestras de cine y en donde los tres hermanos pudieron ver en vivo algunos de los grandes del cine francés e italiano, como a Alain Delon y Michele Morgan, entre otros. De niños, los Castillo Margain solamente vieron una película de estreno, *Sansón y Dalila*, con Víctor Mature y Heddy Lamar. Pasó tiempo para que pudiesen ir a cines con películas de estreno, pero ahorrando se dieron el lujo de ser de los primeros en ver películas en cinemascope, era impresionante verlo en el cine México o en El Mariscala. Tenían unas pantallas gigantescas con sonidos separados y estruendosos; los tres lloraron con el viacrucis y la crucifixión de Jesús Cristo. Las películas *El Manto Sagrado* y su secuela, *Demetrio el Gladiador*, no solo fueron protagonizadas por Víctor Mature y un joven Richard Burton, sino que fueron las primeras en implementar y ser filmadas con este sistema. Su película religiosa favorita fue *Quo Vadis*, con Robert Taylor y la bella Deborah Kerr. La pelea del gigante Ursus contra un toro les estremeció.

* * *

Sigamos con la lucha libre

Julio logró que dejaran entrar a los hermanos a ver los entrenamientos de los luchadores, los enmascarados cubrían sus caras con toallas bien amarradas para practicar sus llaves sin poner en peligro su identidad. Los hermanos disfrutaban el espectáculo, pero el gusto no les duró mucho. Por una disputa comercial entre la familia Luttroth, promotora de las luchas, y los dueños de Televicentro, hoy Televisa, se prohibió la entrada a menores de 15 años. Después de esto, ya no pudieron disfrutar con plenitud a su gran ídolo, el Enmascarado de Plata, el Santo, ni a su principal rival, Blue Demond. Para poder saciar la afición de sus sobrinos, el tío Pedro los llevaba a las arenas de lucha que había en el barrio. Eran improvisadas y en ellas se presentaban luchadores en decadencia y luchadores novatos.

En esa época el fanatismo era enorme, se vendían álbumes de Larín de los luchadores. Si alguien coleccionaba todos los cromos, o larines como se les decía, y lograba llenar el álbum completo, recibiría una máscara del Santo o de Blue Demon. Los hermanos jugaban volados para intercambiar estampas y con gran esfuerzo lograron llenar uno. Solo les faltaba el larín de un luchador llamado la Momia; por más esfuerzos que hacían, no lo conseguían. Un día se corrió la voz de que un chamaco de la Lagunilla tenía ese larín, lo localizaron para aventar un solo volado. No lo pensaron mucho, decidieron jugársela, la apuesta era el álbum de los hermanos contra el larín de La Momia. La moneda se lanzó al aire a gran distancia, todos corrieron. Enrique llegó primero y gritó a todo pulmón, "¡Ganamos!". Ni tardos ni perezosos fueron al establecimiento a cambiar el álbum por la máscara del Santo. La emoción estaba al tope. Cuando salió de la bodega, el encargado les dijo, "ya solamente quedaba una máscara, es de la Pantera Roja". Era un luchador a quien nadie conocía, pero iba a ser un nuevo héroe de las historietas. La desilusión fue enorme, no obstante, al poco tiempo pudieron vender la máscara y comprar una máscara del Santo, una de aquellas que vendían en los puestos de afuera de la arena.

Cuando se hicieron de la máscara de su héroe, la intercambiaban entre ellos en cada lucha de hermanos. Julio y Enrique eran pareja, sus contrincantes eran Roberto y su primo Manuel. Aunque la máscara era una copia de la original, las llaves y los topes eran de a deveras. Hubo torceduras y chipotes en la cabeza. Las luchas eran aguerridas y casi siempre terminaban cuando mamá Julieta los agarraba a escobazos.

En la obra de teatro, *De película*, escrita por la esposa del tercer

Julio, Blanca Peña, hay algunas escenas en donde se presentan los luchadores con máscaras del Santo y de Blue Demon, así como sus conquistas, mujeres voluptuosas y entronas.

***

Lugares en donde vivió la familia Castillo Margain

Por la inestabilidad económica, esta familia vivió en diferentes colonias, las principales fueron las colonias San Rafael y Santa María la Ribera, con ese hermoso quiosco que disfrutaron enormemente durante las fiestas de la primavera. Allí vieron a un ciclista negro, cada año imponía un nuevo récord de manejar día y noche la bicicleta y dormir sobre ella, sin bajarse. El último récord fue de 36 horas ininterrumpidas y los tres hermanos lo veían, inclusive en parte de la noche, para cerciorarse de que no se bajase de la bicicleta. Aunque el principal recuerdo que tenían fue el de haber visto coronarse a la bellísima Rosita Arenas como Reina de la Primavera. En la colonia San Rafael vivieron para tener acceso a la nueva secundaria que se abrió en la colonia Tabacalera y daban preferencia a los residentes de las colonias cercanas.

Cuando tenían que dejar esos lugares, vivían con la abuela Amada y el tío Pedro, en la vecindad del centro de la ciudad, y lo disfrutaban enormemente.

De niños, vivieron una breve época en la colonia La Joya, un lugar diferente ubicado en las orillas del centro, donde todavía estaba el Canal de Santa Coleta y era el camino al rastro de Ferrería, la Gran Despensa del Distrito Federal. Todo comenzó cuando, un día, llegó el Viajero muy alterado y dijo que tenían que irse de inmediato de la vecindad. Llevó a la familia a ese lugar despoblado, en el cual había una pequeña y rústica privada con cuatro departamentos pequeños y semi construidos. En uno de ellos, se quedó Julieta con los tres varones y la pequeña Norma.

El paisaje era boscoso y estaba despoblado. Fluía el Canal Santa Coleta, que contenía bastante agua, sobre todo en época de lluvia, y al lado corría el camino donde llevaban a toros, vacas y chivos al rastro. Todas las tardes pasaban y Julio se hizo cuate de los cuidadores, sobre todo de los chiveros; así formó a la pandilla, los guardianes del mundo, nada más ni nada menos que Los Halcones Negros, quienes eran una mezcla increíble de niños rubios y niños renegridos con pelos parados que olían a puro chivo, pero entrones y buenos para los trancazos. Esa época la recuerda Roberto con especial nostalgia y alegría, ya que en ese lugar no había escuelas y todo era diversión. Una vez que terminaban las labores que les había asignado su mamá Julieta, se organizaba el partido de béisbol contra los chiveros, cuyo líder era el Huitla, apodo que se le puso porque su principal alimento eran los tacos con huitlacoche. El campo era un terrenal, los bates eran ramas de árboles y las pelotas se hacían con hilos de tejer que les hurtaban a las mamás.

Un partido histórico sucedió cuando Julio convenció a su mamá Julieta de que la niña Norma Araceli, a quien bautizó como la Chilindrina, por ser pecosita, necesitaba baños de sol. Así salió orondo con ella, la puso sobre un petate a su lado y se hizo cargo de la primera base. Se les advirtió a los chiveros que no podían barrerse para no lastimar a la niña, y hasta la tercera entrada lo cumplieron fielmente. Pero en la cuarta entrada, estando abajo en el marcador, el Huitla pegó de hit y salió echando la madre. Olvidándose del convenio, se barrió con todo y, por supuesto, la niña voló en medio de una gran polvareda. Los trancazos se iniciaron de inmediato. La paz volvió cuando vieron a la niña hecha un polvorón y no había agua para limpiarla. Allí fue cuando el Huitla dijo que con leche de chiva quedaría bien y, en efecto, Norma Araceli quedó preciosa. Mamá Julieta dijo que, sin duda, el baño de sol había sido mágico.

Un día, mamá Julieta apareció con un profesor y convocó a las demás mamás para que inscribieran a sus hijos. La pequeña escuela se ubicaría en una accesoria que prestó un tablajero. La aceptación fue inmediata y entre todas las mamás pagaban el sueldo diario al profesor, quien, no conforme con ese ingreso y al darse cuenta de que los chiveros tenían dinero, dijo que les iba a enseñar a todos un juego de baraja con apuesta. Las clases se hicieron a un lado y eso se convirtió en un pequeño casino clandestino donde se despelucaba también a los hermanos Castillo, que juntos apenas reunían treinta centavos. Enrique, que era un niño precoz, aprendió rápido y, fuera de la escuela, aleccionó a todos para hacerle trampa al profesor. Así, en breve tiempo, lograron ganarle en los juegos de baraja, lo cual le provocó disgusto y dijo, "ahora van a aprender a jugar dominó". Al principio también los dejaba sin dinero, pero nuevamente Enrique aprendió a contar las fichas muy bien y podía mover las orejas para hacer señales. Roberto era su gran pareja, en poco tiempo le empezaron a ganar al profesor y la emoción en el casino clandestino era a todo tope, hasta que un día se abrió intempestivamente la cortina del local y apareció mamá Julieta con un grupo de mamás, quienes sacaron a escobazos al profesor. Este desapareció de la colonia. Sin duda, Roberto aprendió a jugar dominó, pero en lo escolar no hubo progreso alguno.

Ante esta situación, mamá Julieta inusitadamente recurrió a sus primos Margain y en breve se autorizó e instaló la primera escuela de educación primaria en la colonia La Joya. Allí se acabó la etapa de felicidad para sus hijos, quienes entraron a clases en contra de su voluntad. Julio se las ingeniaba para burlar a mamá Julieta y organizaba pintas en el Bosque de San Juan Aragón. Con arcos que hacían los Huitla, se iban, dizque, a cazar todo tipo de animales, incluyendo un oso pequeño que solamente existía en la imaginación del tercer Julio Castillo. Nunca cazó animal alguno, pero la diversión era lo máximo y mamá Julieta no se las olía.

Todo ciclo tiene su fin, y sucedió cuando una hermana bellísima de mamá Julieta, la tía Yolanda, llegó a visitarla y aprovechó para que ella fuese a recoger las calificaciones de los tres niños. Enrique sí era aplicado, pero Julio y Roberto eran unos reverendos burros que tenían al mismo maestro. A él se le acercó la tía Yolanda y con su gran simpatía le dijo que era tía de los niños. El profesor no tenía ni idea de quiénes eran, pero ni tardo ni perezoso, tomó unas boletas de calificación y los nueves y dieces las engalanaron. Así fue que Julio pasó a sexto año y Roberto a quinto. Mamá Julieta dijo orgullosa "ya sabía que mis hijos eran muy inteligentes y aplicados", con esas calificaciones ya podían regresar a la primaria del centro. Nuevamente se fueron a vivir con la abuela Amada y el tío Pedro. No cabe duda de que no todo lo que se ve es cierto; Julio y Roberto eran unos auténticos burros, pero sus calificaciones eran de excelencia.

***

Primeros trabajos de Julio y Roberto

En los tiempos libres trabajaban con su tío Pedro, asignó a Julio como recepcionista de clientes y a Roberto como lijador de pecheras con las cuales se exhiben principalmente suéteres para mujeres. Julio trabajaba también en otras partes y, aun así, lo poco que ganaban ambos era insuficiente para ayudar al tío Pedro a cubrir el gasto de la comida, y la situación económica cada vez se iba haciendo más precaria.

* * *

Hablemos de teatros de revista, a los cuales los llevaba el tío Pedro

La gran mayoría de los teatros de revista estaban en el centro de la ciudad. El más elegante era el Teatro Iris, propiedad de la gran soprano Esperanza Iris, a quien su esposo intentó matar en un accidente aéreo para cobrar el seguro de vida. Hoy ese teatro es el Teatro de la Ciudad. Competía dignamente el Teatro Lírico y, en pleno Garibaldi, el Teatro Follies. Las funciones eran de dos tandas; en la segunda tanda, la más importante, se presentaban los mejores cantantes de la época: Pedro Infante, Fernando Fernández, Emilio Tuero, Nicolás Urcelay y Hugo del Carril. Los tríos no podían faltar, cuyos pioneros fueron Los Panchos, eran un deleite y había manos a manos: Los Panchos vs. Los Diamantes o Los Calaveras o Los Tecolines. Entre las mujeres cantantes destacaban Toña la Negra, María Luisa Landín, Amparo Montes y Eva Garza. Enfrente de Garibaldi, se construyó un galerón con el nombre de Teatro Margo, en honor a Margo Su, quien fue su creadora junto con el empresario teatral Félix Cervantes. Al principio no podía competir con los otros teatros de revista y no fue sino hasta que descubrieron al genial músico cubano Pérez Prado, creador del ritmo del mambo, que despuntó el recinto. Prado, auténticamente, provocaba que el público bailase parado y enloqueciera con su música. También presentaban al cómico Resortes bailando con una norteamericana, Joan Page, a las bellísimas y extraordinarias gemelas cubanas, Las Dolly Sisters, y sin tener gran voz, pero sí una manera de cantar diferente y sensual, María Victoria, causó sensación. Tiempo después, el Teatro Margo se modernizó y se convirtió en la catedral de los teatros de revista, se volvió a bautizar con el nombre de Teatro Blanquita, que era el nombre de la hija de Félix Cervantes. La administración siguió a cargo de la talentosa Margo Su; creó un imperio, presentando todos los días de la semana dos tandas con los mejores artistas, cómicos y cantantes del momento.

Cuando aún era conocido como Teatro Margo, se presentaron las grandes bailarinas. Entre ellas estaban Tongolele, seguida de Su Muy Key y de Kalantán, compitieron con la invasión cubana de las rumberas Ninón Sevilla, Rosa Carmina, María Antonieta Pons, Amalia Aguilar y las Dolly Sisters, como diosas del mambo. También les compitieron airosamente las rumberas y actrices mexicanas Meche Barba y Lilia Prado.

En cada tanda se recreaba un *sketch* y en ellos actuaban, en vivo, los grandes cómicos: Tin Tan y su carnal Marcelo. También los asistentes al teatro vieron al cómico político Palillo, al bailarín Resortes, a Clavillazo, a Borolas, al gran Harapos, y a los grandes patiños: «El Bigotón» Castro (padre de Benito), «Nacho» Contla, «Pompín» Iglesias, «el Ojón» Jasso y al grupo cómico musical Los Xochimilcas.

Qué gran época, como dice nuestro narrador Roberto, con tanta música, canciones, intérpretes y bellísimas mujeres bailando, la vida era mágica y no había cabida para tristezas y lamentaciones, al menos no para los tres hermanos. Cuando vieron el debut de los bailarines Sergio Corona y Alfonso

Arau, les fascinó y decidieron aprender a bailar el tap-tap, lo cual nunca intentaron, pero quedó como un buen deseo.

En esas épocas, los Castillo Margain disfrutaron a las grandes orquestas de esa época: Luis Arcaraz, Pablo Beltrán Ruiz, Juan García Medeles, la orquesta de Ingeniería y, como ya se comentó, vieron al músico cubano que en México terminó de afinar su creación, el ritmo que hizo al mexicano bailar con gran alegría: el mambo. En su presentación en el Teatro Margo, Julio y Roberto vieron a la gente bailar alrededor de las butacas y eso era la locura colectiva. Paradójicamente, tiempo después, el tercer Julio Castillo dirigió durante dos años ese teatro, allí se conocieron Enrique y una hermana de Margo Su, contrajeron nupcias y al poco tiempo se separaron.

Vieron a la gran Sonora Matancera y sus extraordinarios cantantes encabezados por el Bárbaro del Ritmo, Benny Moré, y el puertorriqueño Daniel Santos, con quien lloraban cuando interpretaba su canción himno *Despedida*. Ya más reciente y siendo adolescentes, vieron a Los Platters, cuyo sudor decía Julio era "lluvia de estrellas"; al gran Bill Haley y sus Cometas, con el *rock and roll Al Compás del Reloj*. También vieron la invasión chilena: Los Hermanos Silva, el dueto de Sonia y Miriam, Monna Bell, Antonio Prieto y al extraordinario Lucho Gatica, con quien se inicia una nueva época romántica de nuevos compositores: Vicente Garrido, Roberto Cantoral, Luis Demetrio y Álvaro Carrillo, "San Álvaro Carrillo", le decían los Castillo Margain.

Era difícil decidir quién era el mejor de los nuevos tríos, pero sin duda Los Tres Ases y Los Tres Caballeros fueron innovadores y aportaron unas grandes voces: Juan Neri y Marco

Antonio Muñiz de Los Ases, y Leonel Gálvez de Los Caballeros. Cada mes surgían nuevos tríos: Las Sombras, Los Santos y Los Dandys, quienes causaron sensación.
México se convirtió en la plataforma para triunfar y por ello recibió a grandes cantantes cubanos: Olga Guillot, Celio González, Bienvenido Granda, El Cuarteto Rufino; a Virginia López de Puerto Rico o a la española Gloria Lasso.
Roberto asegura que es un privilegio haber disfrutado en vivo a tanta gente talentosa y considera que cada una les aportó un toque de sensibilidad, el cual acompañó a cada hermano en su vida personal y profesional.

***

Regreso a la gloriosa escuela Efrén Valenzuela, ubicada en el centro de la ciudad
Esa nueva etapa fue de pesadilla tanto para Julio como, principalmente, para Roberto, ya que ahora sí estaban nuevamente en una escuela de a deveras y no tenían los conocimientos de sexto y de quinto año. Este último no recuerda qué hizo Julio para salir adelante y no podía apoyarlo, entonces se refugió con los otros burros y su preocupación era que su mamá no descubriera su ignorancia. Así subsistió algún tiempo y su principal problema era que no sabía cómo estudiar y nadie de la familia tenía tiempo ni intención para enseñarle. Roberto se sentía solo y angustiado por no corresponder al gran esfuerzo que hacía mamá Julieta para que ellos estudiaran.
En el caso de Julio, tuvo un gran aliado: un niño de color oscuro, pero con buen físico y presencia, quien además era el alumno más aplicado del sexto año. Logró que Julio fuese aplicado e incluso lo superara en el sexto año.
En el caso de Roberto no fue así, y lo que a continuación

se narra fue uno de los momentos claves que cambiaron su vida. Un día se presentó el Viajero en su salón y dijo que había podido entrar al salón de Julio por estar en exámenes. Vestido elegantemente, le entregó un casimir de regalo al profesor en agradecimiento por sus enseñanzas a Roberto. El profesor quiso tragar tierra por no identificar quién era su alumno Roberto. Ante esta situación, Roberto, con gran timidez, se acercó a saludar a su papá y el maestro volvió a la vida. Todo fue muy breve, pero determinante.

El profesor tomó la decisión de sentar a Roberto en la primera fila, la cual era solamente para los aplicados, quienes, por supuesto, no lo recibieron con agrado. Quienes más se molestaron con Roberto fueron los burros, lo consideraban un traidor. Aun así, se esmeró por estudiar, mas no sabía cómo hacerlo. El profesor le dedicó más atención, aunque el avance era lento.

Un día, el maestro organizó un concurso de aritmética en el salón. La dinámica era enfrentar a los aplicados contra los burros y así se iban quedando los mejores del salón. A Roberto le escogió a uno de los más burros y ni así podía ganarle, hasta que, venciendo su timidez, le preguntó al profesor qué debía hacer. Este le volvió a poner la fórmula a resolver y allí sucedió un casi milagro: Roberto desarrolló la fórmula mentalmente y dio el resultado correcto, ante el asombro del profesor y los alumnos. Le pusieron a otro rival y una fórmula más difícil, y volvió a ganar Roberto, quien fue venciendo a los demás y llegó a la final contra el más aplicado, a quien también venció. Lo increíble es que no podía desarrollar la fórmula por escrito, ya que se tardaba mucho, y en cambio, mentalmente lo hacía casi de inmediato.

Es probable que Roberto tenga algo de autismo, y ello, lejos de serle negativo, lo ha ayudado a convertirse en aplicado por sentirse bueno en algo y aprender a tener confianza en sí mismo. En sexto año llegó a ser el abanderado y allí sufrió un gran descalabro debido a su timidez: entró en pánico escénico y se le olvidó totalmente el discurso. Quizá por ello, en lo sucesivo no leía discurso alguno y, sin proponérselo, se convirtió en un hábil comunicador improvisando lo que quería expresar, aún en eventos de gran protocolo.

* * *

Julio cuidador de una funeraria
Ya se trató en otro capítulo.

* * *

Y qué hay de las maravillosas carpas
Estos eran unos recintos casi siempre móviles para presentar sus espectáculos en barrios de la Ciudad de México y, aunque parezca increíble, también los presentaban en otras ciudades del país, mediante largas caravanas de donde surgieron la gran mayoría de los grandes cómicos y cantantes mexicanos. A los Castillo les tocó vivir cercanos a la carpa de la señora Petit, ubicada en el corazón del Garibaldi, quien le daba trabajo tanto a jóvenes que iniciaban su carrera artística como a quienes ya habían pasado su época de gloria. Vieron a la cómica Eufrosina García, «La Flaca», a la inolvidable Virginia Serret, recordada por su papel en *La oveja negra*.

La carpa se ubicaba en pleno Garibaldi, esta sí era fija y el público era bravo y disfrutaba el albur con los cómicos y malorear a los artistas serios. Ese fue el caso del violinista ruso Elías Breskin, padre de Olga Breskin, quien acababa de terminar una purga condenatoria en las Islas Marías, por una deuda de juego que no le pudo pagar al siniestro Maximino Ávila Camacho. El maestro Breskin se presentó en esa carpa vestido con un smoking viejo, lustroso, que le quedaba grande. Él era alto y algo corpulento. Cuando se presentó por primera vez, causó estupor y el público lo recibió en silencio, pero los albureros lo empezaron a encrespar, pues se mofaron de su vestimenta y de su nariz grande y rojiza; el momento era sumamente molesto y los tres hermanos sufrieron pena ajena. Tuvo que salir la señora Petit para afrontar a los albureros y pedirles respeto para un gran señor y violinista. Se hizo un silencio, se apagaron las luces, solamente alumbraron al artista, empezó nervioso tocando la pieza *Csárdás* y en seguida *Celos* de manera magistral. El público se le entregó y de pie le rindió un largo aplauso y se convirtió en la atracción principal, a tal grado que el Día de las Madres tocó hasta en cuatro tandas. Roberto asegura que la gente sencilla también admira el arte y a los grandes intérpretes.

Cine, teatro, carpas y convivir con tanta gente les hizo vivir intensamente desde pequeños y su formación fue diferente a la de la mayoría de la gente. Roberto dice que sus hermanos aplicaron un axioma que le dijo una vez su gran amigo Arturo González, quien también vivió intensamente y falleció antes de cumplir los 30 años:

"La vida es corta pero muy ancha", y así fue como la vivieron sus hermanos. Roberto no se explica cómo ha sido longevo, la única razón es que toda regla tiene su excepción.

* * *

La escuela secundaria

En esa época había pocas escuelas secundarias y eran insuficientes para atender la numerosa demanda de inscripción.

Las mamás eran las más interesadas en la educación de sus hijos, y mamá Julieta era una de ellas. Las secundarias del centro eran las más solicitadas y se tenían que ir con 48 horas de anticipación para que les diesen ficha y, luego, pasar una o hasta dos noches para recibir la ficha del examen. Solamente quedaban quienes aprobaron con las calificaciones más altas. Aquí se explica la base del gran cambio de México: madres de todas clases sociales con gran disposición para apoyar a sus hijos y estos, a su vez, correspondiendo, en la gran mayoría de los casos.

Para fortuna de Julio y Roberto, se inauguró una secundaria en la Colonia Tabacalera, cercana al Monumento a la Revolución, y mamá Julieta logró que se cambiasen a un departamento en la colonia Santa María. Así le dieron ficha para inscribir a Julio, habiendo hecho fila durante dos días. Su espíritu era indomable y Julio aprobó el examen de admisión. Con esto, su hijo demostraba que podía ser aplicado cuando fuese necesario, aunque después se convirtió en un alumno problemático y tuvo que ir a cursos de regularización por los temas que reprobaba, pero mamá Julieta no cedía.

En el caso de Roberto, los trámites de inscripción ya no fueron tan difíciles, dado que ya había un antecesor, y le entregaron su examen, el cual aprobó sin problema.

La escuela secundaria fue de gran aprendizaje en todos los sentidos y, para nuestro narrador, su hermano, el tercer Julio Castillo, fue clave en esa etapa. Le enseñó a subirse a los camiones, a viajar de mosca y a convivir con los alumnos más rudos. En esa secundaria, de manera circunstancial, estudiaron varios rocanroleros mexicanos: los hermanos Waldo y Guillermo Tena de los Rebeldes del Rock, Sergio Martel de los Teen Tops y César Cervera de los Rogers. Por ello, vale la pena dedicarle un buen espacio a esa secundaria de reciente creación y a su director, el profesor Olvera, quien con un gran sentido de comunicación entre maestros pertenecientes a una generación conservadora y los alumnos que se sentían rebeldes sin causa, delirantes por el *rock and roll* y Elvis Presley, tomó tres grandes decisiones:

1. Cambió los horarios y agregó más clases de lunes a viernes, el sábado quedó libre para actividades deportivas, artísticas y propuso algo genial: fomentar el amor a la naturaleza. Así creó a Los Amigos del Bosque, que pretendía ser una réplica de los *Boy Scouts*, con un uniforme similar, sin embargo, no se pudo lograr en general, y menos con los hermanos Castillo, ya que los recursos económicos solamente alcanzaron para comprar una bufanda muy elegante en la tienda de los *Boy Scouts*.
2. Formar equipos en cada grupo y que la calificación individual fuese la que obtuviese el equipo. Cada mes se rotaba al capitán del equipo, cuando le tocó a Roberto, tuvo una de sus principales enseñanzas de vida. En el examen de historia había que presentar dibujos con texto y cinco de los integrantes del equipo así lo hicieron, incluyendo a Roberto, pero un integrante de su equipo, el nefasto «Gordo» Cárdenas, no entregó el trabajo y ello redujo la calificación del equipo apenas a un seis. Roberto estaba colérico y cuando el «Gordo» Cárdenas se burló, se fue sobre él a trancazos. El Director, que estaba presente, le dijo: "Roberto, si bien es cierto que el alumno Cárdenas no cumplió y todavía se burló de usted, fue porque durante el mes que fue usted capitán del equipo, no lo supo

motivar para que trabajase en equipo, lo cual quiere decir que ambos son culpables y usted debe reconocer su error y no pensar que todos van a ser responsables como usted quiera. Debió haberle prestado más atención que a los otros alumnos del equipo y, como buen capitán, debió haberse orientado más hacia el alumno Cárdenas". Gran lección que aprendió Roberto y más adelante la pudo aplicar en su trabajo en el Banco. Hay un refrán que siempre sigue a la regla: "No hay que fijarse en las gallinas cluecas, sino en las que están poniendo".

3. Exhortar a los alumnos a que opinaran sobre los cambios habidos y expresaran sus inconvenientes, sin temor a represalia alguna. Para ello, dejaría un micrófono abierto para que lo usaran en el recreo largo. Por supuesto que nadie se atrevía a usarlo, hasta que un día el «Gordo» Cárdenas, protagonista por excelencia, empezó a decir sus inconformidades y todo mundo le prestó atención y pensaban que lo expulsarían, mas no fue así y el Director Olvera lo felicitó públicamente. Eso fue el detonador para que hubiese hasta filas para hablar, hasta que llegó el momento en que ya nadie los escuchaba y entonces alguien bautizó ese evento como *La hora del perico*.

Un día, el director general hizo exámenes de matemáticas a los alumnos de 6° año y corrió del salón a quienes no aprobaron; entre ellos estaban Julio y un amigo cercano, el «Tecolote» Manzanares. A continuación, el director practicó el mismo examen a los alumnos de quinto y Roberto lo contestó, por lo cual salió al patio y, para su mala fortuna, se encontraba Julio, quien lo convenció de irse de pinta. Se fueron en complicidad con el conserje. Al llegar a su casa, mamá Julieta estaba iracunda y les dijo: "No me mientan, acaban de venir de la secundaria y me dijeron que fueron expulsados". La razón principal no fue la pinta, sino el siguiente suceso: el director les dijo a todos los alumnos en la reunión intermedia que solicitaba un aplauso para el alumno Roberto Castillo, por haber sido el único que había contestado satisfactoriamente el examen que les había practicado. Cuando llamaron a Roberto para que subiese al estrado, nadie contestó. El director se enteró de que se había salido de la escuela con su hermano Julio, se sintió ofendido al máximo y ordenó la expulsión inmediata de los dos hermanos. Solamente la honestidad de Julio, al decir que él era el único culpable por haber sonsacado a Roberto, y la capacidad de convencimiento de mamá Julieta lograron que ambos continuaran en la escuela. Julio siguió yendo de pintas y Roberto nunca más lo hizo. Eran diametralmente opuestos en su manera de actuar.

* * *

Fútbol Americano

La tía Yolanda Margain, hermana de Hugo B. Margain y prima hermana de mamá Julieta, contrajo nupcias con el afamado Arquitecto Carlos Lazo, él coordinó los trabajos para la construcción de la insigne Ciudad Universitaria con su majestuoso estadio hecho para los juegos de fútbol americano. Este era el deporte favorito de la juventud, principalmente, de la juventud estudiantil. La Conferencia incluía a los Bulldogs de la Normal, Aguiluchos del Colegio Militar, Guardianes del Mexico City College y, principalmente, los Burros Blancos del Politécnico y a los Pumas de la UNAM. El partido inaugural fue entre estos dos equipos quienes llegaron invictos y disputarán el campeonato.

El día de la inauguración, cuando fueron invitados, fue uno de los grandes eventos deportivos que vivieron Julio y Roberto. Sin duda, en el caso de Roberto, inició su pasión por los deportes masivos.

* * *

Julio como cerillo en SUMESA

Camino a la secundaria 32, que por motivos del terremoto de 1957 se tuvo que reubicar en la Colonia Condesa, Julio vio que solicitaban niños estudiantes de secundaria como cerillos para empacar la mercancía de los compradores de este nuevo concepto llamado Supermercados Mexicanos, S.A. (SUMESA). Estos significaban una novedosa competencia para los mercados tradicionales y es probable que se haya escogido la colonia Condesa por la concentración de judíos en esa zona. Había un grupo numeroso de niños interesados, a la gran mayoría los rechazaban por su aspecto, pero a Julio lo aceptaron de inmediato. El mote de "cerillo" se debía a la gorrita de color rojo encendido que debían utilizar; su trabajo consistía en empujar los carritos de las mujeres compradoras. Ellas subían a sus hijos pequeños en el carrito, a Julio le hacían muecas, le jalaban el gorrito y algunos hasta querían picarle los ojos, sin que sus mamás los reprendieran.

No había contrato laboral y su ingreso provenía de las propinas, generalmente eran de una o hasta dos monedas de veinte centavos. Al final de la jornada de cuatro horas, de puras propinas juntaba dos o tres pesos, y SUMESA le daba tres teleras o bolillos y algo de queso de puerco o pastel de pollo, nunca jamón, que Julio llevaba a casa. Eran un manjar. Los cerillos, para conservar el trabajo, tenían como obligación llegar a las 6:00 a.m. a bajar la mercancía que llegaba, en su gran mayoría frutas y legumbres muy pesadas. Julio no las aguantaba, lo cual lo amenazaron con quitarle el trabajo. Cuando se lo comentó a Roberto, este le dijo que él lo acompañaría y entre los dos sí podrían bajar la mercancía. Así lo hicieron, luego de terminar esa labor, se iban a la secundaria con un café y una torta de frijoles que les habían preparado la abuela Amada y mamá Julieta.

* * *

Amigos de Julio en la secundaria

Los tres alumnos galanes, por los que suspiraban las jovencitas en esa secundaria, que era de las pocas mixtas, eran Juan Barrón, César Cervera y Julio Castillo. Y los tres eran amigos. Juan Barrón fue su mejor amigo y, aun saliendo de la escuela, se frecuentaban. Por él, Julio se inscribió en la Facultad de Medicina, donde solamente cursó un año. Juan Barrón sí terminó la carrera de Cirujano plástico, fue de los pioneros en esa especialidad y se hizo famoso por haber transformado a Sasha Montenegro, recién desembarcada en México, en una belleza extraordinaria. Por supuesto, ella era bonita y por ello filmó la película *Peregrina*, por ser rubia y reportera, igual que lo fue Alma Reed, quien inspiró esa bella canción. Juan Barrón se casó y fue el creador de una mujer diferente que cautivó a todos. Cuando Sasha logró ese gran cambio, se divorció de Juan, quien decidió dedicarse a su profesión y, junto con el doctor Ortiz Monasterio, crearon un nuevo concepto de la medicina en favor de la estética femenina, lo cual en esa época era vista como frívola y hasta medio profana.

El otro gran amigo fue César Cervera, quien competía con Julio por el amor de una jovencita de nombre Teresa. A veces terminaban en riña y, siendo los dos miedosos para los trancazos, se trincaban en clinches interminables para no hacerse daño, y sus peleas no tenían atractivo. César se hizo cantante de *rock and roll* con Los Rogers y tuvo dos grandes éxitos: *Cuánto tiempo hemos perdido* y *Tú y yo ya nos pertenecemos*.

* * *

Julio, vendedor en cambaceo del detergente FAB

La etapa en SUMESA fue corta debido a las bajas propinas y porque al tercer Julio Castillo le propusieron ser vendedor cambaceo del jabón en polvo FAB. Allí sí le ofrecieron un salario fijo, más un pequeño porcentaje por las ventas. El hermano de Roberto entró entusiasmado y a mano limpia se puso a llenar los pequeños empaques que vendería. No sabía que contenía sosa cáustica, y llegó a la casa con las manos ensangrentadas. Los medicamentos caseros de doña Amada, que era medio bruja, lo curaron de inmediato y mamá Julieta le dijo que exigiera guantes, y así lo hicieron.

Julio era quien tocaba a las puertas y llevaba un ayudante con la mercancía, pero este era flojo y retobón. Entonces, una jovencita le dijo que ella podría ser su acompañante y fue un éxito, por lo cual Julio propuso a los empresarios que lo apoyaran con la integración de varias jovencitas, y cubrir la venta por micrófono mientras ellas cerraban la venta. Nuevamente, lo apuesto de Julio, su imaginación y capacidad de convocatoria se mostraban y salía avante.

* * *

Julio, Roberto y Enrique trabajando en la fonda El Orgullo de Garibaldi

A pesar de los esfuerzos de Julio, los ingresos eran insuficientes para cubrir el gasto familiar. La abuela Amada llegó a llevarlos al mercado de La Lagunilla, donde ponían una canasta en el suelo para que allí cayesen los tomates y otras verduras que ella decía ya estaban "apochcahuados", es decir, pasados. No sentía vergüenza de engañar a los puesteros, justificaba su acción diciendo "mis nietos no pueden quedarse sin comer", pero Julio y Roberto pasaban grandes penas. Pudieron haber continuado así, pero apareció nuevamente el hada madrina de la familia, la hermosa tía Yolanda, convenció a don Pancho, que moría por ella, para que abriera un pequeño restaurante y fuese mamá Julieta quien lo atendiera. Así se logró que ya hubiese comida para la familia. Fue una época de gran integración familiar, pero de un trabajo intenso. Mamá Julieta se llevaba en la madrugada a los tres para las compras en el mercado de la Lagunilla. Desde allí, los tres hermanos cargaban las bolsas y canastas con los víveres. Los domingos se pintaban las tarimas con un polvo de congo y ese local relumbraba de limpio. La clientela habitual eran damas de la noche y mariachis, los cuales querían a los tres hermanos y ellos disfrutaban su compañía y los llegaron a querer mucho, sobre todo, por el amor que le tenían a mamá Julieta.

* * *

Julio y su empleo en el Banco Mexicano

A pesar de los beneficios que proporcionaba la fonda, a Julio no le gustaba el trabajo tan intenso de mamá Julieta, quien prácticamente solo llegaba a la vecindad a dormir e iniciaba su jornada de trabajo a las 5:00 a.m. También mamá Julieta consideró que ese ambiente no era el adecuado para sus hijos, pues podría absorberlos, por lo que de nueva cuenta recurrió a la familia Margain para que apoyaran a que Julio entrase a trabajar en un banco y pudiese seguir estudiando.

Logró su propósito y Julio entró a trabajar al Banco Mexicano. Primero como auxiliar de cheques en la oficina principal del banco, en cuyo edificio estaban los directivos, y al poco tiempo lo subieron al piso de dirección como *office boy*. Lucía muy guapo con su uniforme. Ese trabajo se convirtió en un gran apoyo económico, pero Julio puso como condición que mamá Julieta dejara de trabajar en la fonda, y así lo hizo.

Las quincenas de pago eran días de fiesta y toda la familia iba al banco ubicado en la calle 5 de Mayo. Julio salía con un sobre con dinero que le entregaba a mamá Julieta y, luego, invitaba tortas y tacos que eran una delicia.

***

Etapa de chambelanes de Julio y Roberto

En su etapa de adolescentes y aún viviendo en una vecindad, la abuela Amada convenció a Julio de que fuese chambelán de una quinceañera poco agraciada y enamorada de él, pero hija de un padre dispuesto a cumplir sus caprichos. La abuela Amada persuadió a Julio con el argumento de que con el dinero que le darían para alquilar el traje de fiesta, le alcanzaría para comprarse unos mocasines Tomahawk que deseaba fervientemente. Julio no era bueno para bailar, pero ni falta le hacía, ya que lucía muy galán y otras quinceañeras también lo solicitaron, convirtiéndose así en una pequeña fuente de ingresos para él.

Para no variar, pensó en Roberto y lo convenció de que también participara, pero a Roberto solamente le tocó ser chambelán de una dama de piel color camote y rolliza. Tuvo que participar en los ensayos del vals durante un mes. El día del festejo, después del discurso del papá de la quinceañera y de su padrino, se inició el vals y todo iba bien hasta que al terminar era necesario sostener a la dama, quien levantaba una pierna, y ese paso nunca lo habían ensayado. Roberto era muy flaco y no pudo aguantar a la rolliza dama, quien cayó de cabeza y las risas de todos eran interminables. Roberto salió despavorido y a lo lejos alcanzó a escuchar que se repitiera el vals.

Al ver a Julio cuando regresó del festejo y notar que se reía a carcajadas, Roberto se fue sobre él para golpearlo y descargar su vergüenza, gritándole que nunca más lo promoviera como chambelán.

* * *

Primera etapa de la carrera bancaria de Roberto

Roberto continuó trabajando en el taller de maniquíes, pero, al terminar la secundaria, en noviembre de 1958, entró de inmediato a trabajar el 4 de diciembre del mismo año en el Banco Comercial Mexicano y su plaza se la otorgaron el 4 de febrero de 1959. No obstante, su ingreso estuvo lleno de peripecias, por ejemplo, su tío Alfredo lo llevó con un directivo del Banco Comercial Mexicano, pero nunca le dijo que el motivo de su visita era solicitar trabajo para su sobrino Roberto. Al salir del despacho del directivo, Roberto le preguntó la razón por la cual no se lo había dicho, a lo que contestó que el jefe era un arrogante que se la había pasado presumiendo y él no le iba a pedir ningún favor. Esto desconcertó a Roberto, quien no podía darse por vencido y, una vez que se fue el tío Alfredo, con gran audacia e impulsado por la necesidad económica, se armó de valor y le preguntó a la secretaria del director dónde estaba el departamento de personal. Ella le preguntó para quién era, dudando de que tuviese 16 años y de que hubiese terminado la secundaria.

No obstante, para su buena fortuna, la secretaria le escribió el domicilio en una tarjeta del director, y con ella se presentó Roberto diciendo que venía de la oficina de este, cuidando de no mentir, ya que nunca dijo que lo recomendaba.

La tarjeta fue el salvoconducto que abrió las puertas y de inmediato le dijeron que, a reserva de que llevase sus documentos, le iban a practicar un examen de conocimientos y otro psicométrico, y que para ello subiera a la azotea, donde estaría la psicóloga, pero nunca subió y Roberto se achicharró con el sol invernal. Después de dos horas de espera, se animó a bajar y preguntar por ella. Dos secretarias se rieron y dijeron entre sí: "Otra vez se le olvidó a la doctora".

Cuando Roberto le contó a mamá Julieta lo que le había sucedido, ella le dijo: "Esto es lo mejor que te pudo haber ocurrido. Esa doctora mañana te va a aprobar por miedo a que la despidan, sobre todo por creer que estabas recomendado por el directivo. Ahora lo que debemos arreglar es lo de tu edad". Sin perder tiempo, lo llevó al Registro y, teniendo de testigos a un voceador y a un limpiabotas, le cambió la edad a 16 años cumplidos en lugar de los 15 que tenía Roberto. Al día siguiente, ya con esa acta de nacimiento y su certificado de secundaria, se presentó con la doctora y, después de un breve examen, entró a trabajar como gavetero, es decir, archivista de fichas que se ordenaban y guardaban en una gaveta de acero sumamente pesada.

La doctora llevó a presentar a Roberto con el jefe del Departamento de Cobranzas del País, quien resultó ser un individuo prepotente y grosero. Sintió como un insulto que le llevasen a un casi niño como nuevo empleado y desde un inicio lo trató de "muchacho pendejo". Ordenó que le diesen la gaveta más difícil y pesada y que él solo la guardase. No lo pudo hacer, el objeto era muy pesado y Roberto muy delgado. Cuando levantó la gaveta, las fichas se cayeron y, con gran temor y vergüenza, tuvo que recogerlas y empezar a ordenarlas sin que nadie le ayudase. Esa desagradable recepción marcó a Roberto, quien se juró a sí mismo que si un día lograba ser jefe, trataría a su personal con la mayor decencia y respeto. Efectivamente, y por convicción, ese ha sido su sello personal y así se ha conducido en todas sus actividades profesionales.

Cuando Roberto le contó a mamá Julieta lo sucedido y que no quería regresar a ese trabajo, ella le dio una gran lección de vida al decirle que situaciones como esa eran las que le darían carácter y que, si lograba afrontar y superar a gente negativa, alcanzaría el éxito. Toda la noche, Roberto estuvo pensando cómo poder cargar esa pesada gaveta sin tirar las fichas. La solución se le ocurrió casi de madrugada y llegó casi una hora antes de su horario de entrada. El vigilante lo dejó entrar e incluso le ofreció su ayuda, pero Roberto la declinó. Entonces, se subió a una silla y, con un cojín en la cabeza, como había visto que lo hacían los cargadores del mercado, se puso la gaveta sobre su cabeza y poco a poco la fue bajando. Logró acomodarla sin que cayese ninguna ficha y las volvió a ordenar según su entendimiento. Al llegar el jefe, gritó preguntando quién había desobedecido sus órdenes y había ayudado al "muchacho pendejo". Todos dijeron que él solo lo había hecho y, sin querer, se ganó la admiración de los demás. Don Emiliano le puso de sobrenombre del «Chilín» Castillo, seguramente por su físico tan delgado y pequeño, pero también porque demostró tener carácter.

Ese mismo año, Roberto fue admitido para estudiar la preparatoria en horario vespertino. En febrero, le pidió permiso al jefe para que no lo obligase a regresar por la tarde, ya que su contrato era de horario corrido. Una vez más, esto provocó la cólera de su jefe, quien con insultos le dijo a Roberto que él era quien decidía los horarios y que se olvidase de seguir estudiando. Así, Roberto no pudo entrar a la preparatoria en esa ocasión. Fue una etapa difícil y el acoso del jefe parecía interminable, hasta que un día, y sin que Roberto hubiese intervenido, un joven cobrador que le había tomado estima al Chilín se cansó de ver los malos tratos que le daba el jefe y lo retó a golpes, diciéndole que no debía seguir ensañándose con ese niño que no le hacía nada. Se salieron a la calle y quienes vieron la pelea le contaron a Roberto que su amigo le dio una buena golpiza al jefe. Los castigaron a los dos: al jefe lo mandaron a una comisión fuera de la ciudad y al cobrador lo suspendieron por unos días. Roberto siempre recuerda con cariño a ese amigo, quien lamentablemente fue asesinado de una puñalada en una riña callejera.

En lugar del jefe quedó el subjefe, quien, sin duda, se convirtió en una de las personas más influyentes en el desarrollo profesional y personal de Roberto. Al poco tiempo, y no obstante su corta edad, lo nombraron Jefe de Gaveteros y lo designaron capacitador de los nuevos gaveteros para que los actuales pudiesen ascender en el mismo departamento o en otros puestos. Sin querer, Roberto descubrió una habilidad innata para dirigir, cambiar los procesos para hacerlos más simples y también para enseñar a los demás de manera natural cómo trabajar mejor. Sin duda, eso se convirtió en su principal fortaleza para progresar en el banco. Su crecimiento bancario vino rápido; sin embargo, Roberto, lejos de disfrutarlo, lo sufría al reconocer que aún no tenía la madurez suficiente para dirigir a los otros gaveteros y lo hacía con timidez, sobre todo con las mujeres, ya que todas eran mayores que él y, por cierto, se peinaban de salón.

Quien había sido su instructor, el buen Emiliano, se sintió ofendido y dejó de hablarle a Roberto. Un sábado, Roberto lo invitó a platicar fuera del banco para explicarle que él no había hecho nada para que lo nombrasen en lugar de su instructor, a quien con honestidad consideraba —y así se lo dijo— que estaba mejor preparado y tenía capacidad para ese nuevo puesto. La reacción de Emiliano fue positiva y le dijo que él estaba sentido con Roberto porque no lo había invitado a festejar al calor de unas cervezas. Roberto le respondió que a él no lo dejaban entrar a las cervecerías, a lo que Emiliano contestó: "Yo sí sé dónde lo dejan entrar". Y así fue el debut de Roberto, quien a la tercera cerveza sentía que todo daba vueltas y se quedó dormido brevemente. Al despertar, pagó la cuenta y se inició una relación de afecto con Emiliano.

El nuevo jefe del Departamento de Cobranzas del País fue un ángel para Roberto y le facilitó, con horarios más cómodos, su ingreso a la preparatoria. Así, en el año 1960, inicia su carrera universitaria, sin menoscabo de que siguiera progresando en el banco, donde se apoyó en jóvenes igual que él y que también estuviesen estudiando. Fue el inicio de una nueva generación y juntos lograron que ese departamento fuese un semillero para otros puestos. La imaginación y la capacidad de convocatoria de Roberto se hacían manifiestas y su asesor era Julio.

Cuando infaustamente regresó el antiguo jefe, ya no pudo atacar a Roberto, pero abusaba del grupo, obligándoles a patrocinar sus borracheras festejando cuanta cosa se le ocurría en lugares típicos mexicanos. Nadie del equipo tomaba cervezas, mucho menos licor; sin embargo, las cuentas se pagaban por igual y ni siquiera les compartían la comida equitativamente. En una de esas borracheras del jefe, este medio intentó justificar su odio hacia Roberto, quien prefirió ignorarlo y a medio discurso se retiró del lugar, pensando que lo iba a insultar. Tiempo después se enteró de que el odio provenía de que el jefe tenía un hijo drogadicto de la misma edad de Roberto, y esa comparación lo trastornaba.
Lamentablemente, en esa época era común que los jefes descargaran sus complejos y problemas personales en contra de sus colaboradores. Lo importante fue que Roberto superó esa difícil etapa y, junto con el sueldo de Julio, pudieron mudarse a un edificio del centro donde rentaron un lugar con tres habitaciones y, lo más importante, tendrían un excusado y un baño propio. En breve tiempo, Julio convenció a Roberto de alquilar un departamento en la colonia Estrella, contiguo a una nueva unidad muy lujosa del Seguro Social, la cual contaba incluso con el teatro Tepeyac. Cada fin de semana, Julio era asiduo concurrente a las obras que allí se presentaban, con actores prestigiosos. Seguramente esta etapa también influyó en su formación profesional.

***

Julio y el club de admiradores de Ana Bertha Lepe

Durante su estancia en Banco Mexicano, Julio se hizo admirador de Ana Bertha Lepe y creó un club, con la idea de que ella lo inaugurara. La sede sería El Lienzo del Charro, ya que el hijo del administrador también trabajaba en el Banco Mexicano e hizo amistad con Julio.

El talentoso actor Guillermo Orea era amigo de la familia y también de la bella artista, por lo cual se logró que ella aceptara ir a este nuevo club. En el carro de Orea, fueron al lugar donde se presentaba Ana Bertha, quien solamente disponía de media hora. Para sorpresa de los miembros del club, sí llegó y les dio las gracias por su cariño. Con gran emoción, Julio y Roberto acompañaron a Guillermo para regresar al cabaret de lujo La Fuente. Ella bajó apresurada y los hermanos permanecieron en el carro de Guillermo. Vieron llegar en un convertible precioso a un joven quien saltó de él como para lucirse y se dirigió a la entrada. Guillermo les dijo que ese joven era el novio de la artista, Agustín de Anda. Esa noche fue el suceso trágico del asesinato del joven en manos de Guillermo Lepe, padre de ella.

Conocer la noticia y haber estado con ella en ese lugar, dos o tres horas antes, les dejó huella a los dos hermanos.

Segundos años

***

Roberto en la preparatoria

El inicio de la preparatoria fue en la de San Ildefonso, turno vespertino, con la firma de anuencia de mamá Julieta por ser menor de edad. Roberto recuerda como uno de los grandes momentos de su vida el día de su ingreso en esa majestuosa preparatoria; dice que no quería ni siquiera caminar sobre ese piso tan sobrio y a la vez elegante. Su estancia en esa preparatoria fue corta, al poco tiempo le hablaron de la Dirección y lo invitaron a formar parte de un selecto grupo de estudiantes para inaugurar la Preparatoria 6 en el edificio de Mascarones, en la colonia San Rafael. En el banco coincidió que al señor Castañeda lo ascendieron a jefe del Departamento de Cobranzas del País y nombró a Roberto como subjefe, en contra de su voluntad, ya que el tiempo apenas le alcanzaba para sus estudios y en esa época se trabajaba los sábados. Roberto salía entre las cinco y seis de la tarde. Solamente tenía el resto de ese día y el domingo para estudiar. También logró ingresar al deportivo Chapultepec, era de los primeros en llegar para jugar frontenis, deporte que nunca dominó como hubiese querido, pero ha sido su pasión hasta la fecha. Saliendo del deportivo los domingos, marcahaba a almorzar a Los Panchos, lugar mágico de tacos de carnitas y memelas a las que la gente les decía "ferrocarrileras". Luego iba al bosque de Chapultepec y allí estudiaba, y en la noche asistía al cine con Julio y Enrique.

En la preparatoria, Roberto se esmeró para exentar las materias y solo presentó un examen, injustamente, debido a que el profesor de trigonometría lo expulsó por haber resuelto un problema de álgebra avanzada que ningún alumno había logrado. En lugar de premiarlo, el profesor se sintió ofendido, lo castigó y lo hizo sufrir hasta el último día, cuando le practicó un examen verbal. A pesar de haber contestado bien las diez preguntas, lo calificó con un seis, el cual fue suficiente para entrar a la Facultad de Ingeniería.

Ese día del examen también sucedieron dos acontecimientos que marcaron en buena parte la vida de Roberto. El primero, una explosión en la clínica del Seguro Social, la cual albergaba a niños pequeños; era un albergue infantil contiguo al edificio donde vivía ahora la familia. Se salvaron la abuela Amada, la pequeña Norma Araceli y mamá Julieta, quien junto con otras mujeres entró al lugar lleno de llamas para rescatar a niños, logrando salvar a varios. Sin embargo, quedó sumamente afectada de los nervios y nunca pudo recuperarse totalmente.

Roberto se enteró del siniestro al salir del examen. Para su sorpresa, estaban en el patio de la prepa el señor Castañeda y un individuo que se había convertido en una sombra de Roberto; decía admirarlo mucho y que él era su maestro, lo cual no era cierto. Le avisaron a Roberto de la tragedia, pero él creyó que su familia estaba ilesa. Se tranquilizó hasta que lo llevaron a su domicilio y vio a toda la familia junta; iban a hospedarse en un hotel cercano, dado que no podían permanecer en el edificio.

El individuo aprovechó el estado alterado de Roberto para decirle que, por haber faltado dos días para preparar su examen, se había rezago en el trabajo y tenía que entrar temprano. Roberto ingenuamente pensó que descansaría en alguno de los sillones del banco, lo cual acostumbraba hacer en época de balance, pero no fue así. El individuo lo convenció de dormir, aunque fuese un rato, en un hotel cercano al banco; de hecho, estaba en la contraesquina. Esto no le gustó a Roberto, quien empezó a sospechar de las intenciones del individuo, pero no tenía ninguna razón para desconfiar de él. Al llegar al registro, seguramente en contubernio con el administrador del hotel, este dijo que solo había una habitación disponible y tenía dos camas. Roberto vio una caja con envases vacíos de Coca-Cola familiares y tomó uno de ellos y lo metió en su mochila. Al entrar en la habitación, se recostó vestido y el individuo, creyendo que ya se había dormido, se acercó a él e intentó agarrarle el pene. Roberto tenía en la mano el envase y lo descargó con furia en el cuerpo del individuo, aunque nunca pudo pegarle en la cabeza dado que la tenía cubierta con sus manos. Roberto lo insultó hasta el cansancio y lo golpeó con toda la adrenalina que había acumulado ese fatídico día. Salió corriendo y también le mentó la madre al administrador. Se fue al banco, donde afortunadamente el vigilante lo dejó entrar y le dijo que un "puto" lo estaba persiguiendo.

Al día siguiente, informó de lo sucedido al señor Castañeda, quien se molestó sobremanera y lo acompañó al Departamento de Personal a informar al mero jefe del atentado. Para sorpresa de ambos, la respuesta de este fue tibia y de incredulidad. Culpó a Roberto de tener mucha imaginación. Se convirtió en su enemigo.

* * *

Viajes a Acapulco

Julio y Roberto nunca habían ido a Acapulco y tenían gran ilusión de conocerlo. Un martes de Semana Santa, Julio le dijo a Roberto que su tío Manuel, hermano de mamá Julieta, estaba organizando un viaje a Acapulco y todavía tenía tres lugares disponibles. El costo era de $50.00 por persona, todo incluido. Con otro joven amigo de Julio, compraron los tres lugares y su emoción era indescriptible.

Sin embargo, su entusiasmo fue disminuyendo desde que vieron que el medio de transporte era un carro destartalado que habían convertido en una especie de camioneta de redilas. Los ocho pasajeros tendrían que viajar de pie, y así salieron el miércoles santo a las cinco de la tarde desde la colonia San Rafael. Tuvieron que hacer tres escalas técnicas porque el motor se calentaba, seguramente por el sobrepeso, y había que esperar a que se enfriara.

Llegaron a las 2:00 a.m. a Tres Marías, es decir, nueve horas después de haber salido. Allí vino la segunda desilusión, cuando el tío Manuel les dijo que todos los alimentos que ofrecía el paquete eran solamente los de consumo en Acapulco; los demás correrían por cuenta de cada pasajero.

El viaje fue todo un viacrucis. Los ocho amigos que salieron como hermanos, al calor de los alcoholes se convertían en enemigos acérrimos. Los trancazos eran arriba y abajo de la camioneta hechiza. Luego se calmaban, les entraba el remordimiento, algunos lloraban y volvían a abrazarse, diciéndose que eran como hermanos.

Para colmo, el mecánico responsable de la camioneta, el gran Mesie Gastón, a cada parada, ya fuera por fallas mecánicas o pleitos, se metía debajo del vehículo supuestamente para arreglarlo. Cuál va siendo la sorpresa que, como siempre andaba a medios chiles, aprovechaba para dormir allí.

Julio y Roberto pensaron que nunca llegarían a Acapulco. Afortunadamente no fue así, arribaron el viernes santo en la madrugada. La sensación de oler y, sobre todo, ver el mar en toda su magnitud fue extraordinaria y borró todas las vicisitudes del trayecto.

La tercera sorpresa fue que el paquete no incluía hotel. El dormitorio era "camarena", es decir, dormir sobre la playa y contratar por su cuenta, cada quien, un baño público que sí había en las playas a precios económicos. Acapulco era mágico y todo el tiempo había fiesta. Por las mañanas, las playas concurridas eran Caleta y Caletilla; por las tardes, las playas de La Condesa; y, a la puesta del sol, El Revolcadero. La magia de la naturaleza los contagió de alegría y cada momento se disfrutaba enormemente. Fue una grata experiencia.

La segunda ocasión en que Julio convenció a Roberto de irse a Acapulco fue un viernes. Julio abordó a Roberto saliendo de la preparatoria y le dijo que su mamá les había dado $150.00 para el viaje. El transporte fue en la gloriosa línea Flecha Roja, cuyo lema era: "Antes muertos que llegar tarde". El boleto era barato, pero el trayecto era para guajoloteros: paradas continuas y viajar de pie. Una vez más, no viajaban sentados.

Llegaron el sábado en la madrugada y caminaron hasta una casa de huéspedes cuya dueña era la misma señora que daba asilo a Julio en su casa del Distrito Federal. El precio incluía hospedaje y un almuerzo modesto, pero sabroso y abundante de frijoles, pan y tortillas.

Julio le dijo a Roberto que comiese lo más que pudiera porque después solamente serían tacos de canasta, ya que el dinero sería para ir al mejor lugar de Acapulco, un pequeño sitio donde se presentaban los mejores cantantes de moda, mexicanos y extranjeros, el famoso e inolvidable El Zorro.

En la noche, con gran ilusión, llegaron al lugar para encontrarse que los precios eran inaccesibles y solamente les alcanzaría para un trago a cada uno en la barra y para el primer show. No podrían quedarse para el segundo, en donde se presentaría «Cuco» Sánchez, y ese había sido el motivo principal del viaje. Julio hizo gala, una vez más, de su audacia y fueron los dos hermanos al camerino de los artistas. Le solicitaron al guardián que los dejase por lo menos saludar a «Cuco» Sánchez. El guardián se negó, pero Cuco preguntó quiénes eran y salió con una toalla de baño. Julio le dijo que eran sus admiradores y habían viajado desde Tijuana para escucharlo, y ya no tenían dinero. Cuco les dijo: "¡Ay, muchachos! Gracias por su admiración. Regresen a la barra para que les sirvan una copa y puedan ver mi show". Julio le dijo al cantinero que las diese bien servidas y disfrutaron como nunca al gran «Cuco» Sánchez.

Cuando llevaron a Enrique a conocer Acapulco, fueron en el carro de un amigo que se sentía súper galán e iba a conquistar gringas. El hospedaje fue en unos dormitorios improvisados cuyas paredes eran sábanas, y para dormir había catres.

Nada de eso importaba, ya que había sanitarios y baños.

Muy temprano se bañaron, peinaron sus grandes copetes y se pusieron sus mejores trajes de baño y playeras. Se fueron los cuatro a ligar gringas, siendo su gancho el invitarlas al Tequila a Go Go, que era el lugar de moda. En Caleta y Caletilla no hubo gringas y migraron a La Condesa, donde tampoco ligaron, pero, en la playa El Revolcadero, Enrique ligó a cuatro gringas, no muy agraciadas pero alegres. Con gran emoción compraron los boletos para los caballeros, ya que para las damas la entrada era gratis.

Llegaron puntualmente y las gringas también, dijeron que de los cuatro, tres pasaban, no obstante, Roberto no, ya que parecía niño y no tenía identificación. Es increíble que a Enrique, siendo más chico, no se lo pidieran. Ese fue un momento desagradable y, sin embargo, de unión, ya que a pesar de que Roberto les dijo que entraran, decidieron no hacerlo y las gringas entraron con otras personas.

Al estilo Castillo Margain no se amilanan y buscaron otra opción, sin imaginar que Julio ya había visto que en el Hotel Presidente se presentaban el gran «Cuco» Sánchez y los Voladores de Papantla, a un costo menor que el del Acapulco a Go Go. Cenaron y disfrutaron la maravillosa vista. Fueron los jóvenes galanes de las jovencitas que iban con sus familiares. Fue una velada extraordinaria.

* * *

Roberto como contador en sucursales

Ante la respuesta del jefe del Departamento de Personal y viendo el riesgo que correría Roberto si seguía ahí, el señor Castañeda lo inscribió, sin que este lo supiera, en un programa para preparar contadores de las sucursales. Le dijo muy alegre que le iban a practicar un examen y que fuese a su casa a vestirse de traje, lo cual no era posible dado que Roberto no tenía traje alguno. Ante esto, el señor Castañeda le compró una camisa de vestir marca Medalla, que eran las de batalla, una corbata sencilla y le consiguió un saco prestado de alguno de los empleados.

Al llegar Roberto con esa vestimenta improvisada y ver a los otros participantes, perfectamente vestidos, elegantes y relucientes, le entró un gran complejo e internamente descargó su inseguridad y molestia en contra del señor Castañeda, sin entender que solamente había buscado librarlo de un ambiente hostil y de poca proyección. Con el tiempo así lo entendió y, hasta la fecha, le tiene un gran agradecimiento.

Nuestro narrador recibió el examen y fue el primero en contestar y entregarlo. Por la rapidez, pensaron que no había podido contestar. Para sorpresa de todos, obtuvo 10 de calificación y todavía corrigió dos de las preguntas.

Como resultado, y en contra de la voluntad del jefe de personal, lo enviaron a prepararse con el contador más experimentado y enérgico, quien, sorprendido de la edad de Roberto y de que a sus 18 años ya estuviese por entrar a la universidad, le leyó la cartilla y le dijo que su entrenamiento iba a ser riguroso y difícilmente lo iba a aprobar. La sucursal se ubicaba en Ejército Nacional, a la altura del Ferrocarril de Cuernavaca y la panadería El Elizondo, la cual fue la salvación para Roberto, si el dinero alcanzaba, compraba tortas. Roberto viajaba en camión desde casi la Villa de Guadalupe hasta Mariano Escobedo y desde allí iba en otro camión por todo Ejército Nacional.

Para esto, Julio convenció a mamá Julieta de que era necesario comprar dos trajes a Roberto, también camisas de vestir y por lo menos dos corbatas. Juntos fueron a una tienda elegante del centro, Casa Hidalgo, donde a Julio le hacían descuento. Él fue quien cambió la imagen total de su hermano Roberto, quien recuerda que le dijo: "Betito, quítate los complejos de nuestra vecindad. Vas muy bien vestido, tienes buen tipo y, sobre todo, eres muy inteligente. No te sientas menos ante nadie y recuerda las enseñanzas de mamá Julieta: 'Hijos, ustedes pueden triunfar en lo que se propongan, pero hay que estudiar y trabajar; nada en la vida es gratis'".

Ese suceso lo aprovechó Julio para decirle a Roberto que dejaba el banco y se iba a dedicar a la actuación teatral.

Roberto fue muy aplicado en su entrenamiento de contador de sucursal y aprendió bien los diversos puestos, habiendo sido las cajeras quienes fueron sus grandes maestras. A ellas les causaba una mezcla de admiración y ternura, ya que lo veían muy joven para una responsabilidad tan grande como era la de ser contador. Don Raúl Sánchez Villamil, quien era un estricto instructor, lo felicitó y le dio el visto bueno para que fuese el primero de una nueva generación de contadores jóvenes y con estudios de preparatoria terminados.

Lo nombraron contador de la Sucursal Polanco y recuerda Roberto que, al llegar a la sucursal para presentarse, el único que ya estaba era el mozo-mensajero, el gran «Cleto» Pacheco, quien no lo dejaba entrar y a señas le decía que aún no abrían la sucursal. Roberto le escribió en una hoja de papel que él era el nuevo contador y Cleto no daba crédito a que ese jovencito fuese el nuevo contador. Cleto lo adoptó y lo cuidaba en todo; inclusive iba hasta la panadería, El Elizondo, para comprarle tortas o panes y queso de puerco, él mismo le preparaba un par de tortas que para Roberto eran una auténtica delicia. Hasta la fecha le encantan.

Resultó que «Cleto» Pacheco era saxofonista en una orquesta que tocaba los fines de semana en el emblemático salón de baile El California Dancing Club, ubicado sobre la calzada de Tlalpan en la colonia Portales. Una vez llegó Roberto al lugar y «Cleto» Pacheco le dedicó un danzón a su jefe, el contador más joven del Banco Comercial Mexicano. Ambos se admiraban mutuamente.

El suceso que a continuación comentaremos ha sido uno de los más importantes en la vida personal y profesional de Roberto. En esa época, para adquirir un teléfono fijo, era obligatorio comprar obligaciones y acciones de Teléfonos de México, quienes las vendían directamente. En determinado tiempo, se podían canjear en efectivo los cupones en las sucursales del Banco Comercial Mexicano. Era una forma de obtener capital para Teléfonos de México y un ahorro obligatorio para los adquisidores de los teléfonos. Siendo que el rendimiento era atractivo, surgió un mercado de compradores, principalmente de la comunidad judía, quienes les compraban esos valores a los adquirentes. Varios de esos ricos de origen judío, que en esa época vivían en la colonia Polanco, iban a la sucursal del Banco Comercial Mexicano para canjearlos por efectivo. Por política del banco, esta operación solamente la podía llevar a cabo el contador de la sucursal.

En cierta ocasión, una señora viuda le preguntó a Roberto sobre ese tipo de operación, ya que había encontrado en su casa numerosos papeles parecidos a esos y le pidió a Roberto que fuese a su casa, a lo cual se negó Roberto y le dijo que mejor ella le llevara esos papeles a la sucursal.

Seguramente el fallecido se dedicaba a esa compra de valores y había acumulado una buena fortuna. Durante casi un mes, todos los días Roberto le cambiaba esos valores y se lo pagaban a la viuda. El total fue cuantioso, por encima de los 5 millones de pesos de aquella época, y la viuda estaba muy agradecida con Roberto, inclusive le ofreció una compensación, la cual se negó a recibir.

En el último día del canje, y ya estando solamente Roberto y Cleto en la sucursal, Roberto se percata de que había un paquete de cupones que no le había pagado a la viuda y su monto ascendía a casi 30,000 pesos, con lo cual podría comprar un Volkswagen Sedán y con ello resolvía su problema de transporte, ya que por no haber camiones ni tampoco peseros en Polanco, caminaba todos los días 4 kilómetros vestido de traje y cargando un portafolio con sus libros y útiles de la universidad. La emoción fue brutal y empezó a elucubrar cómo cambiar esos valores a través de un tercero. En la tarde se fue a la UNAM y no pudo concentrarse en las clases; el regreso en camión fue eterno y durante la noche tuvo fiebre y recordaba películas de delincuentes. Él decía que no era su caso, ya que la viuda era muy rica, ella le quiso compensar y, sobre todo, él necesitaba un carro para su trabajo y estudios. Al día siguiente, siendo muy temprano, él y Cleto ya estaban dentro de la sucursal cuando de repente llegó el gerente medio ebrio. Inusitadamente y sin pensarlo, Roberto lo puso al tanto, y él, con cierto cinismo, le dijo que fuesen a partes iguales. Esa actitud le hizo ver y confirmar a Roberto que lo que había pensado sí hubiese sido un delito y, olvidándose del carro y teniendo como testigo a Cleto, entregó los valores al gerente. Pero para cubrirse de un mal uso, reportó el hecho en su parte de novedades que hacía todas las mañanas. Al poco tiempo, y sin saber Roberto la razón, dieron de baja al gerente, quien años después, hecho una desgracia, le fue a pedir trabajo a Roberto en Banca Cremi. Él lo pudo ayudar, pero al poco tiempo abandonó el trabajo.

Roberto asegura que ese suceso le enseñó que la honradez es completa, no tiene precio y no es una virtud, es un valor obligatorio que siempre debe uno tener y que el dinero mal habido provoca desgracias.

* * *

Carreras de los Margain Castillo, un sueño de Julieta

El sueño de Julieta era ver a sus hijos convertidos en profesionistas; se cumplió y los tres varones llegaron a la Universidad. Roberto estudió la carrera de Contador Público en la Universidad. Enrique hizo una brillante carrera de licenciado en economía, sin embargo, debido al movimiento del 68, nunca la ejerció.

Julio estudió la preparatoria en la recién inaugurada prepa cinco, José Vasconcelos, ubicada en Coapa. En aquél momento, era una zona de establos lecheros y entre sus paredes se coreaba la porra "alfalfa, caca y vaca, arriba la Facultad de Coapa". A pesar de las nuevas vivencias que le trajo la preparatoria al tercer Julio Castillo, era todo un viacrucis ir. Salir del Banco Mexicano, ubicado en la calle de 5 de Mayo, y viajar en tranvía hasta la prepa. En ese viaje, contra viento y marea, se le fueron los años hasta que ingresó a la Facultad de Medicina. Ahí estudió poco más de un año y medio de medicina, hasta que conoció el teatro universitario, en ese entonces dirigido por el gran director teatral y dramaturgo Héctor Mendoza, quien a la postre fue su gran amigo y socio del Núcleo de Estudios Teatrales (NET), equivalente a una maestría y doctorado en dirección escénica, actuación, escenografía entre otras. En ese lugar no solo se reunió el mayor talento teatral de México y Latinoamérica, también impartían clases en ese Centro. Luis de Tavira, Alejandro Luna, Hugo Argüelles, Sergio Magaña y los propios Héctor Mendoza y Julio Castillo recorrieron sus pasillos.

Lo cierto es que la Universidad Nacional Autónoma de México fue determinante en la formación académica de los Castillo Margain. Roberto asegura que el éxito profesional de los tres hermanos no hubiese existido sin la educación académica que allí les impartieron.

* * *

Es increíble que en 20 años de actividad profesional haya logrado tanto

La última obra que Julio presentó en el Teatro del Bosque fue *De la calle*, cuyo autor, Jesús González Dávila, comentó a Julio que él no estaba convencido de que pudiese representarse en un teatro. Entonces Julio le propuso que convivieran con habitantes de la calle; drogadictos, principalmente, de cemento, niñas y mujeres prostitutas que también cohabitan en las cloacas de Avenida Chapultepec. Lo que allí vivieron superó todo lo escrito por González Dávila, quien liberó a Julio para que hiciera una adaptación libre. Así lo hizo, dando rienda suelta a su talento para representar escenas brutales y totalmente extraídas de lo que él había visto.

El actor más difícil de conseguir fue el del papel central, El Rufino, alrededor del cual gira la obra. Luego de una búsqueda de nuevo talento, finalmente encontraron al gran actor Roberto Sosa, quien hizo una actuación estrujante y conmovedora. La temporada siempre tuvo lleno el teatro y Julio le confesó a Roberto que también se había inspirado en sus vivencias en la vecindad donde vivieron varias épocas. Con esa representación, esperaba despertar conciencias para apoyar a esa clase marginada que todos los días convive con los demás ciudadanos y, así, parece que no existe.

* * *

Inicio de la carrera teatral de Julio Castillo

Cuando Julio decidió dejar de trabajar en el banco y abandonar sus incipientes estudios de medicina, se entregó a buscar su vocación. Para Roberto, hubo un momento en el que vivieron juntos y que cambió la vida de Julio. Fueron a una galería de pinturas ubicada en la calle de Peralvillo, donde se estaba representando una obra teatral del dramaturgo Héctor Mendoza, quien también era el director de teatro de la UNAM. La obra se llamaba *Las cosas simples* y trataba la historia de varios jóvenes alumnos de preparatoria, cada uno contando lo difícil que era su vida en el hogar. La escenografía era un café y se iluminaba solamente la mesa de quien platicaba su vida, lo que la hacía original.

El dramaturgo Mendoza describió de manera excepcional lo que estaba significando el gran cambio generacional de esa época, que abarcaba la vestimenta, el peinado, la música y, principalmente, los conflictos entre padres e hijos, sobre todo los varones. Ambos hermanos quedaron fascinados con la obra; Julio parecía iluminado y, para sorpresa de Roberto, logró que el dramaturgo Mendoza lo incluyera en el reparto aun cuando no tenía estudios ni experiencia en la actuación. El actor estelar era el talentoso Luis Miranda, quien se hizo amigo de Julio y tiempo después trabajaron juntos.

A mamá Julieta no le agradó que Julio dejara de trabajar, pero vio que era imposible impedirle que iniciara su carrera teatral. Julio se presentó como actor en obras que se montaban en teatros de los barrios. Una muy exitosa fue *El señor X*, donde representó a un abogado que, sin saber su origen real, defiende a quien era su madre biológica en un juicio penal. La gente lloraba y aplaudía generosamente a todos los actores, con énfasis en Julio, quien tenía muy buena presencia y representaba con éxito a sus personajes.

El dramaturgo Héctor Mendoza adoptó artísticamente a Julio y, además de actor, lo convirtió en uno de sus asistentes. Por ello, le dio la gran oportunidad de debutar como actor principal en un teatro de gran prestigio, el Teatro de la Casa del Lago, en la obra *La buena mujer de Sezuan*, teniendo como coestelar a la talentosa actriz Angelina Peláez, quien hasta la fecha sigue actuando con éxito.

Allí sucedió una anécdota jocosa que siempre platicaban los tres hermanos. Resulta que fue a ver la obra mamá Julieta, junto a la abuela Amada, y estaban en los asientos de primera fila. Para doña Amada era algo nuevo, y sufría con el personaje de Julio, que representaba a un aguador con grandes carencias, que recibía golpes y humillaciones de sus patrones. En un momento de la obra, un verdugo le corta una mano al aguador y, al escuchar los gritos de dolor que exclamaba Julio, doña Amada se quitó un zapato y quería subir al escenario a pegarle al verdugo. Todo quedó en intento, pero fue necesario sacarla, y gentilmente la esposa de Héctor Mendoza la consoló y le explicó que era una simulación. Por cierto,

Héctor y su bella esposa se hicieron amigos de la familia y, de vez en cuando, iban a cenar unas deliciosas chalupas que guisaban doña Amada y mamá Julieta.

Héctor Mendoza y Julio Castillo forjaron un gran vínculo de amistad y profesional; ambos se admiraban y reconocían mutuamente. Tiempo después, surgió su asociación para crear el Núcleo de Estudios Teatrales, donde ambos impartían clases y además contaban con maestros talentosos, como los directores de teatro Luis de Tavira y Juan José Gurrola, y dramaturgos como Hugo Argüelles, Sergio Magaña y Emilio Carballido, por mencionar algunos.

Julio Castillo conoció a un director de teatro altamente polémico y controvertido, quien marcó toda una época en el teatro de México: el judío chileno, Alejandro Jodorowsky. Siendo totalmente opuesto al tipo de teatro que hacía Héctor Mendoza, a Julio le fascinaban las obras de Jodorowsky y tal fue su obsesión que, con gran decisión, se acercó a él en diversas ocasiones para ofrecerle sus servicios como asistente. Después de varios rechazos, finalmente lo logró.

Es difícil entender que Julio haya podido trabajar exitosamente como asistente de Héctor Mendoza y Alejandro Jodorowsky, siendo ambos diametralmente opuestos: Héctor, un clásico del teatro, y Alejandro, un irreverente.

Roberto considera que Julio pudo lograrlo dada la gran influencia que en la niñez de ellos tuvo el tío Pedro, quien gastaba buena parte de sus precarios ingresos en llevarlos a ver espectáculos como los títeres de Rosete Aranda, donde todo era mágico y se representaban hasta corridas de toros; ver a los magos Fu-Manchú y Blacamán; a los cómicos consagrados como Cantinflas, Palillo, Resortes y, sobre todo, al genial

Tin Tan y su carnal Marcelo desde la galería de los teatros donde presentaban sus sketches; y a grandes cómicos que apenas iniciaban sus carreras o habían venido a menos y se presentaban en las carpas.

Los niños Castillo conocieron prácticamente todos los teatros: el Iris, el Lírico, el Arbeu, el Margo (cuyo nombre se cambió a Blanquita), el Folies (ubicado en pleno Garibaldi, donde vieron a los increíbles Platters). También vieron en vivo a Cantinflas en la inauguración del teatro Insurgentes. El tío Pedro apreciaba toda manifestación artística y por él conocieron también el teatro Bellas Artes, con varias obras, entre ellas *El pájaro azul*. En teatro serio, vieron en diversas ocasiones las grandes representaciones de *El mártir del Calvario* y *Don Juan Tenorio*. También presenciaron el debut teatral, a los 6 o 7 años, de Angélica María en la obra *La mala semilla*.

La principal pasión del tío Pedro era el cine, sobre todo el de Estados Unidos, pero también el italiano y el francés en su gran época después de la Segunda Guerra Mundial, conocido como el neorrealismo. Ambos países aportaron al mundo verdaderas joyas de la cinematografía. *Ladrón de bicicletas* por Italia y *El salario del miedo* por Francia son un ejemplo de ellas. De Estados Unidos, *Picnic* con Kim Novak y William Holden era la favorita de Julio, y *La princesa que quería vivir* con Audrey Hepburn y Gregory Peck la favorita de Roberto; ambas eran unas bellísimas historias de amor.

Al poco tiempo, los dos hermanos coincidieron en que estaba surgiendo un nuevo cine que cambiaría al mundo. La primera película que les impactó se llamó, en México, *Semilla de maldad*, cuyo tema era el enfrentamiento de un profesor contra jóvenes rebeldes y rufianes que incluso lo atacan en varias ocasiones a golpes y con armas blancas. El profesor lo interpretó el actor Glenn Ford y el líder de los mafiosos fue Vic Morrow, quien debutaba, al mismo tiempo, con Sidney Poitier. El fondo musical era el maravilloso *rock and roll*, *Al compás del reloj,* interpretada por el gran Bill Haley.

Al poco tiempo vinieron películas extraordinarias como *El salvaje,* historia de motociclistas que invaden un poblado, y *Nido de ratas,* historia de una mafia que controlaba un sindicato. Ambas películas lanzaron al gran actor Marlon Brando, quien estudió en la mejor academia, el Actors Studio, de donde surgieron Montgomery Clift, Paul Newman y el actor que marcó toda una época, el inolvidable James Dean, quien solamente hizo tres películas: Al este del Paraíso, Rebelde sin causa y *Gigante*, la cual ya no pudo concluir por haber fallecido en un accidente manejando su auto deportivo.

Con ese nuevo tipo de cine, surgió un cambio en la vestimenta de los jóvenes, los pantalones vaqueros y chamarras de cuero, los copetes y zapatos mocasines. En la música se inicia, como un movimiento telúrico, el *rock and roll*, con grandes músicos e intérpretes, Jerry Lee Lewis y sus Grandes Bolas de Fuego fue un hito al cual solamente superó en popularidad un cantante negro, el gran Ricardito. Pero quien generó todo un acontecimiento fue el extraordinario «rey del ock and roll», Elvis Presley a quien llegaron a considerar un enemigo de la moral y de las buenas costumbres por sus movimientos estrambóticos. cuando por vez primera se presentó en el show de Edy Sullivan, únicamente lo proyectaba de lejos y de la cintura para arriba. En el cine mexicano, al mismo tiempo, se inició un gran cambio para sustituir las películas de rancho y, en contra de la voluntad del gobierno, se hace una película que es un hito a nivel mundial, *Los olvidados* de Luis Buñuel y quien dirigió un cuadro de grandes actores como Estela Inda, Alma Delia Fuentes, Miguel Inclán, Francisco Brambila y presentó el debut de dos jóvenes talentosos: Alfonso Mejía y Roberto Cobos, de hecho, fue el estreno de la película que señala el gran cambio generacional que en México se iniciaba, *Una familia de tantas*, de Alejandro Galindo. A nivel de los cómicos, había un duelo de talentos entre Cantinflas y Tin Tan, quien por cierto era, por mucho, el favorito de los hermanos Castillo. Toda esa magia del cine se transmitió a ellos y sin duda influyó en su vida personal y profesional. Por esa razón los tres hermanos hicieron un libreto que sirvió de base para que la esposa de Julio, la talentosa y controvertida Blanca Peña, lo convirtiera en una obra de teatro, que dirigieron al alimón Luis de Tavira y Julio Castillo en donde surgieron talentosas actrices y actores que interpretaban a personajes inspirados en la propia familia: el Viajero, mamá Julieta, abuela Amada, tío Pedro, así como gente que conocieron y disfrutaron los hermanos, ya sea de las vecindades en donde vivieron, del taller de maniquíes, de sus familiares y amigos pintorescos. Fue un éxito esa obra y se repuso después de fallecido Julio quien por cierto es el personaje principal, interpretando a un niño que prácticamente vivía en el cine y de manera invisible, veía a cada personaje y la historia inicia desde las primeras películas que vieron los hermanos en los años 50 hasta los 70, con la película *Rojo amanecer*, inspirada en lo que vivió y sufrió Enrique en la masacre de Tlatelolco. Es increíble la evolución del cine y lo que significaba para los habitantes del

Distrito Federal, principalmente en los cines de barrio que se convertían en un lugar de convivencia familiar. Por ejemplo, mientras se pasaban películas como *Los últimos días de Pompeya, Ivanhoe* y, principalmente, películas de guerra y de vaqueros, el tío Moisés, junto con la tía Leonor, disfrutaban tacos de chicharrón, barbacoa, sin faltar el caldo de oso para el tío, es decir, el pulque blanco, a veces, curado. La tía Leonor llevaba, para las niñas y niños, café con leche y bolsas enormes de Bolillos y en pocas ocasiones pan de dulce. Algo similar hacían las otras familias y ya se imaginarán a que olía ese cine en donde la permanencia era voluntaria y la cartelera era de tres películas.

Todo lo que se ha narrado corrobora la razón por la cual Julio captaba a plenitud las obras teatrales y con la anuencia de los dramaturgos hacía adaptaciones cercanas a la realidad. Transmitía al público escenas estrujantes por conducto de jóvenes actores a los cuales los transformaba para posesionarse de sus personajes.

*　*　*

Enrique Castillo Margain

Siendo el tercero de los cuatro hermanos varones, Julio y Roberto se convirtieron en los protectores de Enrique. Con gran ilusión guardaban parte del dinero de sus trabajos y actuaban como si fuesen los Reyes Magos, cada año llevaban juguetes, no caros, pero sí vistosos. Para Enrique, un juego del Llanero Solitario, una caja enorme de soldados de plástico y un ring con luchadores de plástico, sin faltar el ídolo de ellos, El Santo. Para Normita, el regalo era una muñeca que abría y cerraba los ojos y un juego de té enorme. En otra ocasión, Enrique pidió unos patines y seguro que ya sabía que los Reyes Magos eran sus hermanos, quienes en compañía del tío Pedro fueron a Tepito y compraron unos patines ya usados y entre los tres los dejaron como nuevos.

A Julio y Roberto siempre les quedó la percepción de haber sobreprotegido a Enrique, ya que procuraban cumplir sus deseos, como fue llevarle un día de Reyes una bicicleta también usada; fue el primer vehículo que hubo en la familia. Enrique era hábil y fuerte y en breve aprendió a andar en bicicleta, era un ídolo, primero en la colonia La Joya y luego en la vecindad del centro. También decidieron que Enrique no entrase a trabajar y se dedicase solamente a sus estudios, lo cual correspondió con dedicación y siempre fue un alumno destacado, haciendo una brillante carrera en la Facultad de Economía de la UNAM.

Sin embargo, al no haberse enfrentado a la vida fuera de las aulas, lo hizo ser más teórico y apasionado en su inclinación hacia Karl Marx y las doctrinas socialistas y comunistas. El movimiento de 1968 lo vivió a sus 22 años mientras estaba preparando su tesis para titularse. Lo vivió intensamente y toda la familia se involucró, participando en todas las marchas y haciendo labor de proselitismo contra el mal gobierno. Roberto tenía que actuar con cautela, dada su posición en el Banco y a que su jefe era Alfredo del Mazo, quien por supuesto apoyaba al gobierno y estaba en contra del movimiento. Él y Antonio Lemus se las ingeniaban para acudir a las marchas.

La familia Castillo Margain vivía en ese entonces en la colonia Santo Tomás, sede del Instituto Politécnico Nacional, cuyos maestros y alumnos eran de lo más aguerridos. La familia presenció cuando el ejército tomó las instalaciones del

IPN y arrestó a mucha gente. Enrique estaba inmerso en las juntas del Consejo Estudiantil para preparar marchas y mítines, cada vez más atacados por el Gobierno. Ya habían tomado la decisión de hacer una tregua, para no afectar a las Olimpiadas que se inaugurarían el 12 de octubre, con motivo de dar a conocer esa decisión, convocaron a un mitin en la Plaza de las Tres Culturas de Tlatelolco, sin imaginarse lo que ese día sucedería.

Por lo que vivió Roberto y todo lo que se ha documentado sobre ese movimiento, existe una versión cercana a la realidad de que ese golpe lo diseñó e implementó el entonces Subsecretario de Gobernación, el siniestro Fernando Gutiérrez Barrios, quien convenció a su jefe, el también siniestro Luis Echeverría Álvarez, de que esa sería la manera de convencer al autoritario y acomplejado Presidente de México, Gustavo Díaz Ordaz, de nombrarlo como su sucesor y no a su amigo y colaborador cercano, Corona del Rosal, quien era el regente del Distrito Federal y a quien se veía en todos los eventos con Díaz Ordaz y prácticamente había desplazado a Echeverría.

Obviamente, estos dos personajes siniestros no estaban de acuerdo con esa tregua y, por el contrario, organizaron ellos mismos el mitin como una afrenta más en contra de Díaz Ordaz, a quien le mostraron una efigie de su cara, simulando a un chango con vestimenta y casco de un granadero. Eso fue el detonador para que Díaz Ordaz diera instrucciones al ejército de actuar con toda la energía, si así era necesario. Sin embargo, no fueron los militares quienes iniciaron el ataque en contra de los estudiantes y habitantes de la unidad Tlatelolco.

Quienes sí atacaron fueron los esbirros de los dos siniestros, Echeverría y sobre todo Gutiérrez Barrios, quienes ya tenían decidido que un grupo de sicarios infiltrados en el movimiento iba a provocar un desorden mayúsculo. Así lo iniciaron, lanzaron desde la azotea luces de bengala e iniciaron un tiroteo despiadado sobre los estudiantes y sobre los propios habitantes, quienes eran ajenos al mitin. Había francotiradores y tiradores a tierra, con gran crueldad y cinismo dijeron que los estudiantes estaban armados y eran ellos quienes estaban disparando.

El ejército, ante esta situación, no tuvo más remedio que participar y detener a cientos de estudiantes, mas no fueron los que dispararon sobre los estudiantes ni mucho menos contra los habitantes. Eso lo platicó Enrique, quien milagrosamente se salvó gracias a Cora, novia de Julio, ella lo había acompañado al mitin. Cora le dijo astutamente que se tiraran al suelo y se cubrieran con la sangre de los otros cuerpos, para que los dieran por muertos.

El plan estaba funcionando hasta que llegó un soldado para revisar si había algún estudiante vivo y darle un bayonetazo para matarlo. Lo increíble fue que al ver a Enrique y este abrir los ojos de manera involuntaria, le soltó el bayonetazo y le pegó solamente en un costado del cuerpo sin la intención de matarlo, solo le gritó: "¡Muchacho pendejo!" y lo dejó vivir.

Allí se separaron Cora y Enrique. Ella llegó a su casa disfrazada de vendedora ambulante y Enrique desapareció totalmente. La angustia de mamá Julieta era enorme y nada ni nadie la podía consolar. Julio y Roberto fueron, cada uno por su lado, a investigar en diversos lugares e inclusive acudieron a la UNAM y ambos corroboraron que no existía ya expediente de Enrique. Entraron en pánico y no dijeron nada a mamá Julieta.

El 12 de octubre, es decir, 10 días después del siniestro, milagrosamente Roberto recibió una llamada en el Banco y una señora le preguntó si conocía a un joven llamado Enrique que tenía una tarjeta de Roberto. Roberto supo que Enrique estaba vivo y fue por él a una gasolinera, donde estaba disfrazado de despachador. El júbilo en la familia fue extraordinario y el abrazo de mamá Julieta a Enrique fue estremecedor; todos se enlazaron y lloraron de alegría, incluyendo al Viajero que adoraba a Enrique.

El sello de la familia era la fiesta y coincidentemente era el aniversario de bodas del segundo Julio Castillo y Julieta. La fiesta empezó desde temprano. Roberto se fue a su trabajo y en la noche que regresó ya era un fiestón; él estaba más que puesto para disfrutarlo. Sin embargo, entró un muchacho a la casa y tenía un semblante tétrico, seguramente estaba alcoholizado y drogado. Abordó a Roberto y le dijo con frases entrecortadas: "Betito, yo quiero a tu familia porque siempre me han tratado con cariño y me han recibido en sus fiestas, pero ahora a lo que vengo es a decirte que ya soy tira —cuya traducción sería sicario del gobierno— y tengo instrucciones de matar a tu hermano Enrique. Acabo de drogar a mi pareja para que se durmiese y ustedes puedan sacar a Enrique o entramos los dos a matarlo a él y a quien se nos oponga. Está muy cabrona la cosa y el pinche gobierno nos ha contratado a un chingo de chemos para buscar estudiantes y echárnoslos".

Roberto no podía decírselo a su papá, era un tipo violento y seguramente saldría a enfrentarse a los dos tiras y la cosa sería más cabrona. Se juntaron los tres varones y Normita. No fue fácil decidir qué hacer. Enrique también era muy bronco y fue difícil de apaciguar. El tiempo corría y de momento

Julio dijo: "Ya está la solución. Acabo de hablar con Cora Cardona, se va a llevar a Enrique a su gira teatral a Mérida". La bronca era cómo sacarlo, entonces Normita dijo: "Ya sé. Lo vestimos de mujer y le ponemos mi peluca, que afortunadamente en esa época era la moda y sin que nadie se dé cuenta, incluyendo a los tiras, Roberto se lo lleva al aeropuerto y a nuestros papás les decimos que Julio le consiguió chamba como actor de reparto". Así fue como salvaron a Enrique momentáneamente, ya que los tiras seguían allí en el carro y solamente se relevaron entre ellos. Eran como perros rabiosos en busca de su presa.

Pasó casi un mes y ellos continuaban fuera de la casa y se sabía que la persecución era intensa y sin piedad sobre todos los estudiantes. A Roberto se le ocurrió la idea de hablar con su amigo José Ángel Torres del Cueto, quien ya se había quedado a vivir en Ometepec, Guerrero, él le contestó: "Mándame a Enrique para acá y aun cuando el ejército también está buscando prófugos del movimiento estudiantil, el capitán a cargo es mi amigo y conmigo se alinea o le armo un desmadre aquí en el pueblo".

Julio y Roberto esperaron a Enrique en el aeropuerto del DF, le dieron las gracias a los Córcega y allí le entregaron a Enrique a un gran ser humano, el capitán piloto Gilberto Luna, director del [falta información], quien se lo llevó a Ometepec, Guerrero, en su avión fumigador.

Enrique vivió ahí casi dos años, daba clases de diversas materias y de actuación a los jóvenes de la localidad, hasta que, un día, Roberto fue al teatro Blanquita, cuando Julio lo dirigía, y allí vio en el escenario a un bailarín que se le hizo parecido a Enrique. En efecto, era él. Usaba un maquillaje que le cambiaba las facciones de la cara. Había regresado y no se lo dijeron a Roberto para que no se preocupara. La persecución de estudiantes ya había terminado; Roberto le habló a su amigo José Ángel para darle las gracias.

La pareja siniestra de Luis Echeverría y Fernando Gutiérrez Barrios logró su propósito y en 1970, obtuvieron la presidencia de la República para Luis Echeverría y la Secretaría de Gobernación para Gutiérrez Barrios. Estando en el poder y aprovechando que Gustavo Díaz Ordaz había declarado antes de irse que se sentía orgulloso de haber tomado la decisión sobre los fatídicos acontecimientos de Tlatelolco, intentaron un acercamiento hipócrita con los estudiantes. Luis Echeverría fue cínicamente a la misma Ciudad Universitaria, donde su intento fracasó estrepitosamente y pudo haber sido linchado, pero sus guardias lo sacaron del lugar, solamente con una herida de una pedrada de las tantas que le aventaron los estudiantes enfurecidos.

Luis Echeverría nombró como Regente del Distrito Federal a Alfonso Martínez Domínguez, amigo de Gustavo Díaz Ordaz y quien estaba indignado con Echeverría por su deslealtad e hipocresía. Preparó en secreto una nueva matanza en contra de los estudiantes para hacer responsable a Luis Echeverría. Sus esbirros, infiltrados en el Politécnico de Santo Tomás y en la Escuela Normal Superior, los convocaron a una manifestación. El punto de reunión era la esquina de Avenida San Cosme y Avenida Río Consulado, sede del cine Cosmos.

Logró su propósito y en un jueves de *Corpus Christi*, en el cual Echeverría estaba reunido en el hotel Camino Real conmemorando el día de la Libertad de Prensa, orquestó, con un grupo de asesinos llamado los Halcones, una cruel matanza de estudiantes ingenuos e indefensos. Este suceso lo vivieron mamá Julieta y la hermana Norma intensamente, ya que el edificio en donde vivían estaba exactamente enfrente de ese lugar, la calle de Daniel Delgadillo.

Mamá Julieta le habló a Roberto para decirle que era urgente que localizara a Julio y principalmente a Enrique, ya que habían estado con ella y las demás vecinas unas personas de aspecto feo, quienes les dijeron que a partir de las 14:00 horas ya no podrían salir de sus departamentos. Luego esas personas y otras más se subieron a la azotea, probablemente armados.

A los estudiantes los citaron a las 15:00 horas, cuando estaba reunido un buen número, se dio la orden de atacarlos. Primero con grandes palos, que los Halcones utilizaban como arma, y también los amenazaron a tiros, llevándolos a propósito a la calle de Daniel Delgadillo. Como una escena dantesca, los acribillaron desde las azoteas. El estruendo de las descargas de balas y los gritos de los estudiantes fue estremecedor para mamá Julieta y Norma. Vivieron una auténtica pesadilla.

El operativo criminal duró casi una hora. Cuando terminaron de acribillar a muchos estudiantes, llegaron camiones de basura para recoger y llevarse los cadáveres. Enseguida, pipas de agua lavaban la sangre. Solamente quienes vivieron esos sucesos pueden narrar la crueldad de estos esbirros asesinos. Luis Echeverría montó en cólera y cesó al siniestro Regente, a quien apodaron como «Halconso» Martínez Domínguez, pero era tan poderoso que no lo pudieron correr del gobierno e inusitadamente lo enviaron como gobernador del estado de Nuevo León.

Esos dos sucesos trágicos marcaron a la familia Castillo

Margain, principalmente a Enrique, quien nunca pudo superarlos y ya no intentó ejercer su carrera de economista. Se refugió en todo tipo de actividades artísticas y, sin haber estudiado para ello, protagonizó diversas obras de teatro de la dramaturga Maruxa Villalta. Trabajó en películas con el «Púas» Olivares y también fue comediante, haciendo parodias de cantantes como Rigo Tovar (en su parodia era Rico Tomar). Escribió para la radionovela *El ojo de vidrio*, compuso dos obras de teatro que no se exhibieron y vivía en la colonia Santo Tomás con sus padres, Julio y Julieta.

* * *

Primera obra teatral dirigida por Julio Castillo

Su primer gran éxito fue la representación de la obra de teatro del dramaturgo Fernando Arrabal, *El cementerio de los automóviles*, con ella representó a México en el festival de teatro latinoamericano, logrando un triunfo arrollador. Los jóvenes de los otros países latinoamericanos también estaban en la búsqueda del gran cambio de generación y esta obra les impactó.

Ubiquemos la época: noviembre de 1968. Estaba vigente la matanza de Tlatelolco y las autoridades, de alguna manera, querían disfrazar el asesinato y por ello prepararon eventos para los jóvenes y le dieron gran importancia a este triunfo. La premiación a Julio Castillo y su grupo de actores se llevó a cabo en el teatro del Seguro Social, el cual estaba atiborrado de jóvenes, la mayoría de ellos estudiantes.

En el evento había un numeroso grupo de políticos y la asistencia de público en general la integraban también actores jóvenes admiradores de ese nuevo tipo de teatro, quienes ocuparon los lugares de la gradería, ya que los lugares principales los ocuparon los políticos. El teatro estaba a reventar con público en general, la representación de *El cementerio de los automóviles* estremeció a todos. La magia de Julio y su grupo de actores daba inicio.

Aquí sucedió algo inusitado: cuando el Secretario de Educación Pública hace un discurso y llama a Julio y a sus actores para entregarles un reconocimiento en nombre del Gobierno, tanto Julio como su grupo salieron uniformados como Fidel Castro y el Che Guevara; se negaron a recibir el premio por estar en contra de un gobierno opresor. Obviamente el aplauso del público fue abrumador, pero el enojo de los políticos fue brutal y los vetaron para volver a poner una obra de teatro en México.

Durante tres años, para subsistir, Julio trabajó en el montaje de varios espectáculos musicales en cabarets de barrio y de la Zona Rosa. En ocasiones trabajaba como soporte del gran actor y bailarín Roberto Cobo. Sin duda, haber conocido carpas y teatros de revista fue una gran enseñanza.

Fue hasta el año 1971 cuando Julio, en su peregrinar para que le levantasen el veto, conoció a una mujer difícil de describir, ella nació en un poblado de Jalisco, logró llegar a niveles altos en la administración pública, como asistente de varios políticos importantes. Su nombre era Blanca Peña, de tez blanca y una inteligencia superior a la normal. Dijo, en una entrevista, que cuando Julio llegó a las oficinas del político jefe de ella y le dijo la razón por la cual quería una entrevista, ella le dijo que no sería posible, pero que le ofrecería su apoyo y aprovecharía sus influencias para levantar el veto a Julio. Roberto considera que esa promesa la hizo por dos razones: la primera, por haber sido visionaria sobre lo que Julio podría lograr en el teatro y la segunda, por haberse enamorado de él, como ella misma lo confesó. Así se levantó el veto teatral y se convirtieron en pareja sentimental, su esposo francés regresó a su país natal con el hijo Philippe, fruto de su matrimonio.

Julio reanuda su actividad teatral con la obra *Así que pasen cinco años* y fue interminable el número de obras que dirigió, siendo buena parte de ellas de dramaturgos mexicanos, con quienes siempre tuvo reuniones para explicarles cómo entendía él sus obras y les solicitaba su aprobación para editarlas de alguna manera e imprimirles su toque genial, no siempre aceptado por la gente del teatro tradicional.

***

Vínculo de los hermanos con Víctor Hugo Rascón
Entre Víctor Hugo Rascón y Julio Castillo

Entre tantas obras, hay una que marca un vínculo entre el tercer Julio Castillo y el entonces joven dramaturgo Víctor Hugo Rascón, quien escribió la obra teatral *Armas blancas*, una pieza estrujante por lo cruda y sangrienta de cada una de las 4 historias. Para él, esa obra fue el reencuentro con el teatro de vanguardia al cual había dejado por espacio de dos años para dirigir obras del teatro comercial, ya que Blanca Peña no solo era ya su pareja sentimental, también fue su representante artística.

Julio se sintió incómodo dirigiendo obras de teatro comerciales. Aunque tuvo la oportunidad de dirigir actores de la talla de Juan Ferrara, Pedro Armendáriz hijo, Julián Pastor, Héctor Suárez, Blanca Sánchez, Susana Alexander y varios más, no se sentía en su espacio.

Esa obra fue un éxito teatral, ganadora de premios a la mejor presentación teatral, al mejor dramaturgo y al mejor director. Por esa razón, juntos hicieron un largo viaje a Centro y Sudamérica para recibir los reconocimientos y conceder entrevistas. Esa fue la única obra que presentaron juntos y cuenta un gran amigo de Víctor Hugo y de Roberto, Fernando Ureña, que el cuarto capítulo de esa obra fue inspirado en la relación de una jefa prepotente y su secretaria que termina asesinada con un abrecartas.

Julio y Víctor Hugo se admiraban mutuamente; ambos fueron exitosos, mas no volvieron a trabajar juntos.

* * *

Entre Victor Hugo Rascón y Roberto Castillo

Un domingo en la tarde, Julio le habló a su hermano Roberto para pedirle que le diese una cita a Víctor Hugo Rascón, quien además de ser dramaturgo era funcionario bancario y trabajaba en el banco de los árabes, el Banco Aboumrad, que ya había sido intervenido por malos manejos y Banca Cremi sería quien lo absorbería, terminando así la gestión a cargo de Margarita Peimbert Sierra, ilustre abogada y primera mujer Directora General de un banco. Roberto era el responsable de llevar a cabo esa fusión y por ello le interesó a Víctor Hugo tener esa entrevista para poder quedarse en Cremi. En la plática telefónica, Julio le preguntó a Roberto si recordaba la obra Armas blancas y la respuesta de Roberto fue: "¿Cómo no la voy a recordar si salía sangre por todos lados? Y seguramente cuando la leíste te has de haber acordado de aquel suceso sangriento que vivimos tú y yo siendo niños, cuando nuestro papá nos envió a comprar carne con su amigo Chucho, el Carnicero, y, estando tú y yo en la vitrina, saltó por encima de nosotros y le clavó su machete a un joven que acababa de entrar y que después supimos era amante de su esposa".

La entrevista se llevó a cabo en las oficinas de Roberto al día siguiente. A Roberto le impactó la personalidad de Víctor Hugo, su cultura y su manejo del buen lenguaje; sin embargo, no encontraba dónde darle cabida en las actividades bancarias, hasta que Víctor Hugo le preguntó a Roberto sobre la manera como iba a comunicar sus planes para fusionar en un solo banco a los tres bancos a su cargo: Banca Cremi, Actibanco Guadalajara y Banco Aboumrad, y crear una nueva cultura de negocios y atención a la clientela. Roberto contestó que viajaría intensamente para conocer cada una de las casi 250 sucursales. Aunque lo logró, Víctor Hugo fue un gran aliado, quien le propuso a Roberto diseñar e implementar una revista mensual que llegase a cada uno de los más de 5000 empleados de la nueva Banca Cremi. Su nombre fue *Rumbos de Cremi* y su contenido era rico en la difusión de los planes de negocios y los resultados de cada plazo. Víctor Hugo agregó entrevistas con los directivos y personal de las sucursales.

Víctor Hugo consiguió algo extraordinario: que la premiación anual, que se hacía en CREMI para los mejores colaboradores, se celebrara en una de las salas del majestuoso Palacio de Bellas Artes y fuesen acompañados de algún familiar. Además, se les reunía un día antes y se les organizaban excursiones en autobús para que conocieran cómo era el Distrito Federal. Así se logró incentivar una sana competencia y tener un sentimiento de orgullo de pertenecer a CREMI.

Al igual que para Julio fue importante Víctor Hugo, también lo fue para Roberto, con quien se cultivó una gran amistad hasta el fallecimiento de Víctor Hugo, en el momento más brillante de su carrera como dramaturgo, llegando a ocupar la presidencia de la Sociedad General de Escritores de México (SOGEM), a la cual fortaleció, obteniendo importantes beneficios para los escritores.

Por azar del destino, Julio y Víctor Hugo fallecieron en plenitud de sus carreras, y aquí sí se puede hablar de la sensibilidad de los hermanos Castillo, ya que tanto Julio como Roberto identificaron en Víctor Hugo su talento y calidad como ser humano.

***

Programa Los Cachunes

Enrique entabló una gran amistad con Adrián Ramos, juntos decidieron participar activamente en el proyecto de crear un programa de televisión dirigido a los jóvenes de preparatoria. Este fue bautizado como *Los cachunes*, en alusión a la porra universitaria: "cachún, cachún, cachún, ra, ra". El proyecto lo implementó y dirigió el talentoso Luis de Llano, hijo, quien lo hizo realidad y logró que se presentara el programa piloto en televisión en un día y horario de baja audiencia: viernes a las 20:00, hora en la cual los jóvenes se preparaban para salir de fiesta. Para sorpresa de todos, el programa gustó más de lo esperado y les concedieron más episodios.

Adrián y Enrique trabajaban arduamente en los guiones y, sobre todo, en apoyar la selección de actores juveniles para interpretar cada personaje. La tarea no era sencilla, pero ambos eran muy simpáticos, caían bien y daban confianza a los aspirantes, lo que les permitió encontrar un amplio semillero de talentos. En poco tiempo ya contaban con personajes y actores adecuados para interpretarlos.

El tipo de teatro que hacía Julio le trajo grandes problemas y estuvo vetado durante un buen

Julio integró un grupo de actores de la misma edad y vocación teatral que él, los cuales buscaban el gran cambio en el teatro de México, el cual estaba invadido de autores extranjeros de comedias ligeras que tenían gran aceptación y había grandes comedias musicales que presentaban el talentoso Manolo Fábregas con la producción de su esposa Fela. Las obras de Julio eran totalmente diferentes y no siempre tenían éxito económico; era más bien un teatro innovador dirigido principalmente a un público no tradicional.

Con gran imaginación y sin dinero, Julio y su grupo se lanzaron a la gran aventura de escenificar una obra de teatro dura, poética y violenta, escrita por Fernando Arrabal. La escenografía se hizo con desechos de automóviles que les obsequiaron los comerciantes de carros desvencijados. Lograron conseguir un teatro para representar *El cementerio de los automóviles* y, sin duda, fue la obra de mayor impacto en ese momento del gran cambio teatral hacia los jóvenes. Las autoridades lo reconocieron como teatro experimental, de una manera peyorativa, y eso lejos de ofender a Julio, se convirtió en su bandera. Siempre dijo ser un ferviente admirador del teatro experimental y le compartió a Roberto una similitud con la vida personal, diciéndole que ambos buscaban permanentemente una nueva manera de ser como personas y en lo profesional, y allí estaba el verdadero sentido de la vida. Julio estaba consciente de que Roberto era diferente en su forma de actuar, pero ambos coincidían en una superación permanente, trabajaban y afrontaban los riesgos inherentes. Sin duda, ambos siempre fueron intensos y genuinos y han dejado un legado.

El programa Mi Colonia la Esperanza

La pareja creativa de Adrián y Enrique logró hacer un programa de comedia en horario estelar llamado *Mi colonia la Esperanza*, donde los personajes vivían en vecindades de dicha colonia y cada uno tenía su historia. Hicieron un convenio con un productor de televisión para que les concediera todo lo necesario, y se fijó un plazo de un año para revisar si ese acuerdo continuaba, se modificaba o se cancelaba. El programa *Mi colonia la Esperanza* tenía audiencia, mas no logró el rating esperado para un horario estelar y concluyó al año. En cambio, el programa Los *cachunes* seguía siendo un éxito, pero ni Adrián ni Enrique le dedicaron ya el tiempo que requería, por lo que los relevaron con otros guionistas y actores. Solo Adrián Ramos se quedó con el personaje de Pepe Celaya.

Como se puede apreciar, Enrique tuvo éxito en sus actividades artísticas, pero la percepción de la familia es que nunca lo disfrutó plenamente y no era constante. Vivía intensamente y nunca encontró una buena pareja sentimental. Se casó incluso por la iglesia con una bailarina del medio a quien conoció en el teatro Blanquita. La relación fue tormentosa y llena de excesos, se separaron en breve tiempo. Enrique cayó en depresión y se convirtió en un problema, sobre todo para mamá Julieta. Nadie le daba la importancia que esto tenía, hasta que la esposa de Roberto lo convenció de que lo internaran. Así se hizo, en contra de la voluntad de Enrique, pero se logró que por sí mismo se rehabilitara y se fuera a vivir a casa de Roberto, quien contó con el apoyo total de su esposa y los padres de ella. Roberto siempre ha agradecido todo lo que hicieron por su hermano. La hermana Norma, quien ya estaba casada también, convivió mucho con Enrique y lo apoyó para que no recayera.

Así pasaron más de tres años, hasta que el 2 de octubre de 1986 falleció víctima de un paro cardíaco. El 30 de septiembre había cumplido 40 años y, paradójicamente, ahora sí fallecía un 2 de octubre de 1986, los mismos números del fatídico 1968.

Julio y Roberto aseguraban que Enrique era el más completo de los tres, pues además de inteligente, fue un gran estudiante, era fuerte físicamente y versátil. Sin duda, vivió intensamente y a su manera.

* * *

Julio Castillo como director escénico de Televisa y Televisión Independiente de México

Julio hizo carrera en la televisión, en Televisa. Con Blanca Peña como escritora, hicieron una serie semanal de una hora de duración y de gran éxito, llamada *Cosa juzgada*. En ella se representaban casos reales que conocían por sus visitas al propio reclusorio, donde leían los expedientes y, en ocasiones, entrevistaban a las víctimas y a los delincuentes.

Además de esa serie, Julio seguía siendo director de soporte en telenovelas, hasta que le dieron una oportunidad como director principal. Lamentablemente, tuvo desavenencias con la estrella de la telenovela, quien era una diva y tenía grandes influencias con el «Tigre» Azcárraga, a quien le pidió que despidiera a Julio. Allí sucedió algo mágico: la familia O'Farrill dejaba Televisa y se asociaba con un grupo regiomontano para crear un canal que sí diera competencia y, por la frecuencia, le pusieron Canal 8. La inversión en instalaciones la hicieron en San Ángel, en la Ciudad de México, y fue fastuosa: desde el terreno, los edificios y los estudios, hasta el equipo tecnológico adquirido.

Todo estaba listo físicamente, pero faltaba lo más importante: quiénes iban a trabajar en las telenovelas y demás programas. En Televisa había una política intimidatoria, de expulsión o congelamiento, para quienes trabajaban en otro lugar sin su consentimiento. Por supuesto, Canal 8 era el principal proscrito y solamente los temerarios se atrevieron a salir de Televisa. El caso más sonado y de mayor éxito fue el del genial Roberto Gómez Bolaños, quien durante mucho tiempo escribió programas cómicos, principalmente para la pareja cómica de Viruta y Capulina, no obstante, el propio «Tigre» Azcárraga le había negado la oportunidad de tener un programa propio. También migró Manuel Pelayo, quien pronto inició su exitoso programa *Sube, Pelayo, Sube*. Asimismo, Raúl Velasco comenzaba un programa que más tarde se convirtió en el más importante: *Siempre en domingo*. Actores como Jorge Mistral aceptaron la invitación para hacer una supertelenovela, *Los hermanos Coraje*. Lamentablemente, este gran actor se suicidó durante la filmación.

A Julio Castillo lo invitaron para que dirigiese una novela y le asignaron un amplio presupuesto para contratar actrices y actores reconocidos. Sin embargo, muy pocos aceptaron la invitación y eran actrices y actores de reparto, mas no estelares. Así, tuvo que recurrir a un nuevo talento, en ese momento desconocido, y lanzó a Ofelia Medina como el personaje principal de una telenovela, en cuyos primeros argumentos participaron los tres hermanos —Julio, Roberto y Enrique— para escribir *La señora joven*, basada al principio en su madre, Julieta. El papel del Viajero lo interpretó magistralmente José Gálvez y surgieron varios actores y actrices talentosos, como fue el caso de Enrique Novi, Gregorio Casal y Luis Torner, entre otros.

Julio se hizo amigo de Roberto Gómez Bolaños y se apoyaban mutuamente, ya que todos los programas eran en vivo y los costos de producción eran altos, por ejemplo, el personaje de la Chilindrina de alguna manera se inspiró en Norma Castillo, a quien recordaremos que Julio bautizó de pequeña con ese mote. El gran comediante Ramón Valdés se hizo amigo de ellos, y los tres disfrutaban los argumentos de una serie cómica, escrita por Bolaños, llamada *Los Caballeros de la Mesa Cuadrada*. Nadie imaginaba que posteriormente iba a producir la serie más exitosa de la televisión mexicana.

En el Canal 8 de Monterrey ya trabajaba un cuadro de actores con Rubén Aguirre Fuentes, los directivos de TIM se los presentaron a Roberto Gómez Bolaños. Así surgió un grupo extraordinario de personajes que hicieron el programa de entretenimiento número uno de la televisión en México y otros países. La serie se llamó *El Chavo del ocho*, quien era el personaje principal, pero todo giraba alrededor de Don Ramón, quien era su contrapeso. Así teníamos al genial Quico gritándole "¡chusma, chusma!", su hija la Chilindrina, el Señor Barriga (propietario de la vecindad) y el Profesor Jirafales con su enamorada, Doña Florinda. Después se agregó otro gran personaje: la Bruja del 71, enamorada de Don Ramón.

El Canal 8 se convirtió, en corto tiempo, en un competidor importante para Televisa y, al cabo de dos años, Emilio Azcárraga tomó la decisión de adquirirlo. Así, Julio y Roberto Gómez Bolaños regresaron a Televisa. Ernesto Alonso adoptó a Julio y este se convirtió en un director de soporte en telenovelas exitosas. Hasta el fallecimiento de Julio, hubo un vínculo profesional cercano entre ambos.

Se podrá apreciar que Julio era un camaleón y aprendía de todos: de Héctor Mendoza, de Alejandro Jodorowsky, de Ernesto Alonso, todos talentosos y de personalidades totalmente diferentes. Todo ese acervo, aunado a su talento propio, Julio lo transmitía a todas las actrices y actores que dirigió. Es difícil calcular cuántos fueron. Sus telenovelas más exitosas fueron *Encadenados*, con los esposos Christian Bach y Humberto Zurita, y *Yesenia*, con Adela Noriega.

La actividad de Julio era vertiginosa. Dirigía telenovelas, daba clases en el teatro universitario, en el Teatro de Bellas Artes o en la escuela de Televisa y durante las noches ensayaba el montaje de las obras de teatro, que eran su verdadera pasión. Y por si eso no bastase, Blanca Peña lo convenció de que desarrollaran una escuela de alto nivel que fuese como una maestría o doctorado para dramaturgos, escenógrafos, directores, actrices y actores de renombre. La idea entusiasmó a Héctor Mendoza y así realizaron una inversión para echar a andar el Núcleo de Estudios Teatrales, que agrupó a maestros y discípulos de gran talento. En ese mismo local se estableció un pequeño teatro.

Julio descuidó la convivencia familiar y él mismo decía que conocía más a sus actores que a sus propios hijos. Descuidó su físico y engordó excesivamente. Su precaria salud no aguantó ese ritmo. A los 42 años le detectaron un cáncer terminal y en menos de dos años falleció, sin haber dejado de trabajar hasta prácticamente sus últimos días de vida. El prematuro e inesperado fallecimiento de su hermano Enrique también le afectó sobremanera.

Al conocer Roberto que Julio había sido hospitalizado en el Hospital Español y estaba destinado a morir en breve, tomó la decisión de tomar vacaciones en el banco y convivir con su adorado hermano en el hospital. Ese reencuentro fue maravilloso y lleno de recuerdos que los hizo olvidar la gravedad de Julio. Recordaron todas sus vivencias y a la gente que los rodeó; se atacaban de risa. Julio decía optimistamente: "Ahora que salga del hospital me vas a ayudar a montar una obra de todo lo que vivimos juntos".

Julio, con esa gran visión que tenía, le había dicho a Roberto que un día el mundo se iba a unir por un momento, cuando a través de la televisión se transmitiese un evento trascendental con música de fondo maravillosa. Esa premonición se hizo realidad cuando los dos hermanos vieron juntos la inauguración de la Olimpiada en Corea, teniendo como fondo música de los geniales Beatles. Roberto besó la frente de Julio y ambos derramaron lágrimas de emoción.

Las cuatro semanas que estuvo con el tercer Julio en el Hospital Español fueron una gran experiencia para Roberto, ya que llegaba gente a conocer su estado de salud a todas las horas. Apreció el gran cariño que muchos actores, actrices, escenógrafos y técnicos le tenían a su hermano, y algunos hacían escenas dramáticas por no haber sido aceptados para donar sangre para Julio, y es que, en verdad, casi nadie era apto para ello. Los directivos de la Asociación Nacional de Actores, del Instituto de Bellas Artes, de la Secretaría de Educación Pública y múltiples personalidades más fueron a verlo. Roberto recibía sus expresiones de afecto y se las transmitía a Julio, quien no podía recibirlos por su precaria salud.

En vísperas del fallecimiento de Julio, llegó Ernesto Alonso, a quien recibió la esposa de Roberto. Le preguntó con gran educación por la salud de su cuñado, porque Blanca no le informaba, y si podía recibirlo. "Por supuesto que sí", contestó Julio, quien lo había escuchado, y ambos empezaron a platicar. Lo increíble fue que el tercer Julio Castillo, en fase terminal, le estaba diciendo a Ernesto Alonso cómo dirigir a los actores de su última telenovela *Lo blanco y lo negro*. Así fue Julio de profesional e intenso hasta el último momento de su vida.

Cuando se despidió Ernesto Alonso, después de un día exhausto para él, por atender a tanta gente, Roberto le dijo a su hermano: "Oye, Julio, ahora sí creo que eres un genio". Y Julio le contestó: "No, Betito, no soy ningún genio, soy igual que tú, y si algo hacemos bien desde niños, es la chinguita, Betito, la chinguita".

En opinión de Roberto, Blanca Peña fue determinante en la vida personal de Julio, vivió con él hasta su temprano fallecimiento y procrearon dos hijos a quienes Roberto adora, Martín y Juan Cristóbal, ambos se dedican a actividades teatrales. Pero Blanca también fue determinante en crear la figura del tercer Julio Castillo, por su conducción se convirtió en un triunfador en reconocimientos como el Heraldo de México, el cual ganó durante muchos años. También fueron pioneros escribiendo y dirigiendo juntos un programa de televisión llamado *Cosa juzgada*, cuya transmisión era los lunes en horario de adultos, aun cuando la televisión era en blanco y negro.

Blanca relacionó a Julio con los grandes iconos del teatro comercial, tanto productores como directores, escenógrafos y actores ya exitosos. Por todo ello, Julio se dio a conocer y vivió experiencias que nunca imaginó, como haber trabajado como asistente de dirección de telenovelas producidas y, en ocasiones, dirigidas por el Señor Telenovelas, Don Ernesto Alonso, con quien hizo su última telenovela, Lo blanco y lo negro, la cual lamentablemente ya no pudo concluir. Mas todo esto no era lo que quería Julio; su pasión siempre fue el teatro experimental y lo tenía que hacer la mayoría de las veces durante las noches o los domingos en las tardes. Los ensayos eran extenuantes y él exigía una máxima entrega a sus actores, tramoyistas, escenógrafos, asistentes, pero, principalmente, a sí mismo.

Este esquizofrénico ritmo de trabajo le trajo consecuencias graves en su salud, la cual descuidó totalmente. Se hizo adicto a la comida engordante, principalmente tacos, y se convirtió en un hombre obeso para su estatura. Para Blanca Peña, él no estaba enfermo y decía que le gustaba consentirse. Con esa forma de pensar, lo comprometió con su amiga Margo Su, directora del Teatro Blanquita, a dirigir una temporada que se extendió más de 2 años. Así, Julio prácticamente no tenía descanso y, aunque parezca increíble, también daba clases de actuación en el Instituto Nacional de Bellas Artes, en el teatro de la Universidad Nacional Autónoma de México y de manera intensiva en la escuela de teatro de Televisa.

Era incansable y quién sabe de dónde le salieron fuerzas para hacer una película llamada *Apolinar*. El niño que se robó el sol era el tema y, por razones que nunca se supieron, las autoridades prohibieron su exhibición y quedó enlatada.

En el Teatro Blanquita, Julio vivió momentos difíciles, por ejemplo, convivió con su gran ídolo José Alfredo Jiménez en sus últimos días de vida y actividad artística. Julio tenía que recurrir a toda su creatividad para presentarlo ante el público que, en todas las funciones, abarrotaba el teatro y exigía la presentación del cantautor, a quien le era sumamente difícil cantar por su enfermedad.

También dirigió las presentaciones de todos los rockanroleros de la época: Alberto Vázquez, Enrique Guzmán y Manolo Muñoz, quienes ya no estaban de moda y los convirtieron en cantantes de música vernácula, un cambio que los tres hicieron muy bien.

Quien dejó una gran huella en el tercer Julio Castillo fue el gran cantante José José, recién triunfador con la canción El triste, del genial compositor Roberto Cantoral. Julio tenía que dedicarle especial atención para que no se fuese de parranda al Garibaldi, que estaba enfrente del Teatro Blanquita. En ocasiones se le escapaba y terminaba con fuertes afecciones en la garganta, que le dificultaban cantar al día siguiente. Julio lo quería mucho y decía que ese joven iba a trascender, como efectivamente sucedió.

Julio presumía que una noche, a petición suya, José Alfredo Jiménez le había cantado, cuando ya habían terminado las dos funciones diarias, la canción *Ojalá que te vaya bonito*, en donde poéticamente dice "Ojalá que la vida te vista de suerte" y "Cuántas luces dejaste encendidas", ¡qué gran sensibilidad! También le cantó *El siete mares*, canción con la cual José Alfredo se identificaba plenamente.

Después del fallecimiento de José Alfredo, Lucha Villa convenció a Julio de hacer un homenaje original, al cual acudieron Roberto y su esposa. Los espectadores esperaban una feria de cantantes y mariachis, mas no fue así. Julio montó un sketch y después un espectáculo de bailarines de ballet que simulaban ser caballos. El público, que era bravo, se sintió decepcionado y empezó a chiflar, cuando de momento se apagaron todas las luces y se hizo un silencio que permitió escuchar las pisadas de un caballo. Efectivamente, a través del pasillo central caminó y subió al escenario un precioso caballo de color blanco, de gran majestuosidadñ. En seguida entró cantando la guapísima Lucha Villa con un repertorio extraordinario de canciones de José Alfredo. El público enloqueció en aplausos y lo que iban a ser abucheos se convirtieron en gritos de "¡bravo!". Otra más de las genialidades de Julio, quien en todas sus actividades profesionales dejó huella.

* * *

Creación del Núcleo de Estudios Teatrales

Héctor Mendoza y Julio Castillo tenían la misma inquietud de enriquecer la preparación de la gente de teatro, aun cuando ya tuviesen experiencia y fuesen exitosos en sus respectivas actividades artísticas. Por ello diseñaron e implementaron este Núcleo, el cual se puede considerar como una maestría e inclusive doctorado para actores, directores de escena, escenógrafos y dramaturgos. Para ello integraron un grupo de maestros del más alto nivel y prestigio. Por citar algunos, Roberto recuerda a algunos de los principales responsables por actividad: Delia Casanova para actrices, Mario Iván Martínez para actores, Luis de Tavira y Juan José Gurrola para directores de escena, Alejandro Luna para escenógrafos, Hugo Argüelles y Sergio Magaña para dramaturgos.

Julio, en su etapa de agonía, le dijo a Roberto que el NET era su máximo orgullo profesional y ni Héctor Mendoza ni él habían imaginado poder haber reunido a tanta gente talentosa en un mismo recinto y con un mismo propósito: enriquecer el teatro mexicano.

La última obra que Julio dirigió fue en el pequeño teatro del NET, se llamaba *Dulces Compañías* y eran dos historias protagonizadas por los talentosos Delia Casanova y Eduardo Palomo. Roberto recuerda que todavía en su último año de vida, Julio dirigió dos obras de teatro, dos telenovelas e impartió clases en las escuelas de teatro del INBA y UNAM. "La chinguita, Betito, la chinguita, hay que aprovechar cuando haya trabajo; en mi actividad nunca se sabe si después lo habrá". Por esa pasión y entrega descuidó totalmente su salud y de aquel hombre obeso, llegó a pesar 51 kilos. Perdió peso corporal, mas nunca perdió talento.

* * *

Origen de la obra de teatro *De Película*

Los hermanos Castillo Margain, ya un tanto maduros, coincidieron un día en la casa de Roberto y platicaron como nunca lo habían hecho sobre lo que representó el cine en su formación personal y profesional. Fue una conversación intensa y con un gran acervo de conocimientos y anécdotas sobre la importancia del cine en la vida de los mexicanos. Sin que ello hubiese sido el propósito inicial, aportaron una idea para que la esposa de Julio, quien los había estado escuchando, dijese que la vida de los tres hermanos era de película. Así escribió la obra de teatro titulada *De película*, en ella refleja fielmente el transcurrir de la vida de los tres hermanos en las funciones de cine. En esta pieza, el personaje principal es el tercer Julio Castillo, quien, vestido de niño elegante y boina, observaba sucesos que se presentaban con los espectadores.

El grupo de actores fue extraordinario, Julieta Egurrola representó a mamá Julieta y Damián Alcázar representó al Pecheri que era uno de los trabajadores del taller de maniquíes y en el cine conoció a su Chorreada, ya que se sentía Pedro Infante. Las representaciones tuvieron un gran éxito, abarcaban desde finales del cine mudo y contaban las experiencias que vivieron los hermanos Margain Castillo. La obra plasmó cómo fueron marcados por las cintas del genial Chaplin, después todas las comedias musicales, las películas de suspenso del maestro Alfred Hitchcock, las superproducciones bíblicas como *Quo Vadis* con Robert Taylor o *Ben-Hur* y *Los Diez Mandamientos* con Charlton Heston, y las superproducciones en *Cinemascope*, *El manto sagrado* y *Demetrio el gladiador*. En esa obra de teatro se ven escenas de la película que estremeció al mundo, Psicosis; también de películas más ligeras, como las de la lucha libre, *La bestia magnífica*, con Crox Alvarado, Wolf Ruvinskis y la bellísima Miroslava, incluso la primera película de un luchador enmascarado, *El Huracán Ramírez*, con el gran actor David Silva y Tonina Jackson.

Sin duda, vieron los hermanos un buen número de películas y de algunas ya se sabían hasta los argumentos. La que mejor representaban era *Scaramouche*, con Stewart Granger y las bellísimas Eleanor Parker y Janet Leigh, siendo el personaje antagónico el gran actor Mel Ferrer, quien fue bailarín de ballet y por ello pudieron escenificar el mejor duelo de espadachines de la historia del cine.

Roberto reconoce que esta obra de teatro no se hubiera logrado sin la creatividad de Blanca Peña y la dirección de Luis de Tavira. Incluso relata la anécdota de que un amigo del trabajo, que ya había visto la obra, le dijo que *De película* no era original, ya que él acababa de ver en Nueva York la película *Cinema Paradiso*, cuyo tema es similar. Roberto le demostró que la obra de teatro se había escrito 5 años antes que el filme, y era un halago que se le comparase con tan extraordinaria película.

La primera como la última

***

Primer acercamiento de Julio y Roberto
Por su precaria salud, y debido a que el tercer Julio Castillo vivía con su abuela Amada, Julieta dedicó toda su atención al cuidado de Roberto y con gran amor logró salvarlo. Cuando lo supo estable, decidió un día que ya era tiempo de que convivieran los dos hermanos y, aún cuando Julio vivía la mayor parte de su tiempo con doña Amada, empezó a convivir con Roberto a sus tres años de edad. Desde el primer momento, se convirtió en su maestro, es quien más le enseñó a sobrevivir a un mundo de carencias económicas y a la inestabilidad de su hogar. Ambos tuvieron que madurar a temprana edad y trabajar desde niños en diferentes actividades, incluyendo un taller en donde se fabricaban maniquíes, ahí el tío Pedro era el responsable y reportaba al dueño, don Francisco Ibarra, jugador empedernido, mujeriego, pero con gran talento y audacia como empresario, entre sus logros, se relacionó con el director cinematográfico, el español, Luis Buñuel, a quien convenció de hacer un maniquí de la actriz Mirosla-

va para su película *Ensayo de un crimen*, con el actor Ernesto Alonso. Cuenta Roberto que, cuando Miroslava fue al taller y supo que había que hacer un molde directamente de su cara y cuerpo, salió aterrada y se subió de inmediato al carro en que venían. Pensaban que ya no era posible hacer el maniquí y se eliminaría esa escena, pero, gracias a la genialidad del tío Pedro, se logró hacerlo. Con seguridad les dijo, "yo puedo hacer el maniquí, aún sin ella. Ya la ví físicamente y con fotos de ella puedo hacer el molde". Por curiosidad, vale la pena ver esa película y constatar el gran parecido que se logró.

El taller se ubicaba en las calles de Perú en donde, a unos pasos, estaba el templo de la lucha libre y el boxeo, La Arena Coliseo. Los tres hermanos eran fervientes aficionados del gran luchador El Santo, a quien siempre vieron enmascarado. Uno de los boleteros, les dijo que si querían verlo a él, y a otros luchadores, sin máscara, fuesen a una pequeña cantina de la calle de Peralvillo; ahí el portero les diría, cuando entraran o salieran, quién era cada quién. Eso nunca sucedió.

Cerca de ahí, don Florentino Hevia, fundador de la cantina El Correo Español, les regalaba unos taquitos de un exquisito cabrito, especialidad y botana de la cantina. Esa cantina alcanzaría poco a poco el éxito, hasta convertirse en un gran restaurante con el mismo nombre, también ubicado en la misma calle. Cuando ocurrió la inauguración del restaurante, acudieron artistas, cantantes, boxeadores y luchadores más famosos de esa época, incluso se presentó el entonces Presidente de México. Durante la fiesta, los hermanos Castillo se dieron un banquete visual y comieron un cabrito gratis para los tres. Esa noche, Roberto dijo, "cuando sea grande, voy a comprar una orden de cabrito para mí solo, como el guajolote de Macario". Hasta la fecha, ese platillo y la barbacoa de borrego son los principales platillos que degusta.

No cabe duda que el centro del antiguo Distrito Federal era mágico y los tres hermanos Castillo Margain aprendieron a convivir inclusive con prostitutas, a quienes les llevaban en portaviandas la comida que les vendía su abuela Amada. A ellas les caía de gracia y, hasta cierto punto, les causaba admiración, que su mamá y su abuela lograsen que fuesen respetuosos, limpios y bien educados. Ellas siempre los trataron con respeto y los ponían de ejemplo a sus hijos quienes eran sus amigos. También convivieron con hijos de carteristas, coyotes del Monte de Piedad, con jotitos, quienes también los respetaban y cuidaban de sus similares. Tanto la muñeca, pareja de un policía, como también Juanito, el putito, eran sus principales guardianes para que nadie se metiera con ellos. Los trabajos iban y venían. A Julio lo contrató el señor Pelayo, dueño de una pequeña funeraria para que le echase un ojo a su empleado, Chavita, «el Ojos de bola». Él era terrible, metía prostitutas a escondidas y, en las noches, se dormía dentro de los ataúdes. Todo un personaje, Julio nunca lo denunció.

En la entrada de la vecindad había una bolería de zapatos y un puesto de eskimos, todavía no habían licuadoras, y allí trabajaban en sus ratos libres Julio y Roberto. Los eskimeros eran tamaulipecos y dormían en el propio puesto. Eran muy trabajadores y usaban al tercer Julio Castillo, a Enrique y a Roberto como gancho para que las mamás compraran eskimos a sus hijos, diciendo que era un gran alimento, mientras alguno de los tres hermanos le daba un trago a su eskimo. Cuando compraron licuadoras, el negocio creció a lo grande, les pudieron pagar algo a Julio y a Roberto, también les regalaban un licuado que siempre llevaban a Enrique y Norma. La portera era doña Chencha, señora de muy mal genio; falleció de un infarto. Doña Amada decía que venía en las noches a llevarse a los niños que no se querían dormir. Roberto era muy asustadizo y para que no viniese por él, se acostaba temprano, se tapaba la cara con su cobija y, para su protección divina, compraba o pedía estampitas de santos y rosarios que guardaba en su pequeño espacio de la cama común que compartían con el tío Pedro y sus dos hermanos. Ese temor duró mucho tiempo y pudo superarlo gracias a Julio, una vez le dijo que "esas son mentiras de la abuela Amada" y para demostrarlo, se quedaron despiertos buena parte de la noche. Doña Chencha nunca apareció.

***

Para Roberto es un gran orgullo haber sido hermano de Julio, sin embargo, hubo sucesos que no fueron precisamente agradables

Julio lanzaba al ruedo a Roberto para hacer cosas que él tenía temor de hacer, y siempre lo convencía de que las realizara. Cuando se conocieron de pequeños, provocó que Roberto se aventara desde un lavadero y por poco se fractura. Ya siendo niños de 7 y 6 años, lo convenció de que aprendiera a andar en bicicleta. Con el dinero que les pagaba el Huitla por cuidar a los chivos, alquilaban una bicicleta. A Roberto le daba mucho miedo por no tener equilibrio, y un día, para que perdiese el miedo, Julio lo convenció de subirse a una loma en el poblado de La Joya y desde allí lo arrojó. Roberto mantuvo el equilibrio pero no sabía maniobrar y así llegó directo a una casa cuya puerta estaba abierta. Los propietarios, que estaban almorzando, lo vieron pasar y estrellarse contra un lavadero.

Roberto salió rojo de vergüenza y, jalando la bicicleta, se la dio a un chivero. Con furia buscó a Julio, que todavía se estaba riendo a carcajadas, y le propinó una golpiza por todo el cuerpo y la cabeza, ya que Julio no respondió y solamente se cubrió la cara. Vaya que eran totalmente diferentes los dos hermanos, pero siempre estaban juntos.

A Julio, como hermano mayor, le tocó bailar con la más fea, ya que fue el primero en percatarse de las carencias de la familia y las angustias de mamá Julieta para cubrir el gasto familiar o los eventos como el ingreso a clases y la compra de útiles y libros. Algo que impactó a Julio fue descubrir que los Reyes Magos eran los padres y, en consecuencia, ver que en la familia no se podían llevar regalos ese día. Así se lo hizo saber a Roberto y ambos ofrecieron ayudar a sus amigos chiveros para obtener algo de dinero, el cual era insuficiente para llevarles juguetes a Enrique y a Normita.

Roberto recuerda que un 5 de enero fueron al centro mamá Julieta y Julio y, con el apoyo del tío Pedro, regresaron en la madrugada con algunos juguetes que ya no se vendían pero que para sus hermanitos fueron lo máximo. Ver la alegría de ellos fue una de las mayores satisfacciones que ha vivido Roberto.

* * *

Funeral de Julio Castillo y su homenaje luctuoso

El último día de vida de mi hermano conmigo es difícil de narrar, pero hay algo que me impactó cuando me dijo: "Betito, por si ya no estuviese yo, quiero dejarle un ahorro a mis hijos, Martín y Juan Cristóbal, lo tengo guardado debajo del colchón. Creo que son casi 35 mil pesos". Eso refleja, una vez más, que Julio no sabía ni tenía idea del valor del dinero y para él era una gran fortuna que había acumulado. ¿Cómo no querer a un ser tan extraordinario? Los dos hermanos hicieron un recorrido de sus andanzas y se rieron al recordarlas. Y recordaron a cada personaje que los rodeó y ambos dijeron estar agradecidos con la vida que les había tocado.

Era domingo y Roberto tenía una junta de trabajo importante el lunes, por lo cual le dijo a Julio, "Mañana vengo después de mi reunión". Roberto presentía que ese momento pudiese ser su hasta luego al gran hermano que Dios le envió. A las 4:30 le hablaron para decirle que regresara al hospital y cuando llegó, Julio había fallecido. Una vez más, le tocó a Roberto darle a mamá Julieta una noticia así. Ya le había pasado con la muerte inesperada del padre de ellos y de su hermano Enrique, vio una vez más la desesperación y amargura de mamá Julieta, quien sufrió la muerte de tres hijos: Fernando de niño, Enrique a los 40 años, y Julio a los 46. Sin duda, esos fallecimientos provocaron que ella muriese al poco tiempo.

Julio nunca dijo estar enfermo; sin embargo, el deterioro de su físico era alarmante. En el hospital tenía la ilusión de seguir viviendo y a la esposa de Roberto le decía que cuando lo diesen de alta iría al balneario de Palo Bolero. Roberto considera que sí estaba consciente de su gravedad y por ello adoptó dos canciones: *Ay, amor, ya no me quieras tanto* y *Sombras*, que si escuchamos bien, son canciones de despedida.

El velorio fue en la funeraria Gayosso de Sullivan y se avisó en el noticiario de Guillermo Ochoa la muerte de Julio Castillo. Roberto llegó con su esposa y mamá Julieta a la funeraria y desde temprano empezó a llegar gente que quería a Julio, desde artistas de renombre hasta jóvenes artistas, la gran concentración que expresó consternación por su fallecimiento.

Como hermano de Julio, puedo decirles que una vez más confirmé que Julio fue un ser extraordinario, y pudo transmitir su magia a un gran número de gente del medio artístico, que hasta las doce de la noche seguían llegando al funeral. Roberto se hizo cargo de todo y se indignó cuando una persona cercana a Julio le dijo que se estaba especulando para hacerle homenajes a Julio con un fin mercantilista y para beneficio de los promotores. Entonces decidió decirles que estaba agradecido por haber acompañado a la familia y les pedía que ya se fuesen. Delia Casanova se acercó a él y le dijo: "Quiero que entiendas que tú fuiste su hermano carnal, pero los actores fuimos sus hermanos de vida". La decisión ya estaba tomada y todos se fueron; solamente se quedó el gran actor Luis Rábago, Roberto supo después que nunca quiso separarse del féretro de su amado maestro Julio Castillo.

Roberto y su esposa se llevaron, en contra de su voluntad, a descansar a mamá Julieta en un hotel cercano y, en la madrugada, él fue a la funeraria y se sintió culpable de haber pedido que se fueran, sin imaginar que todos ellos se habían organizado para hacer un homenaje de despedida a Julio. Rumbo al mausoleo, le dijeron a Roberto que querían despedir a Julio y lo que Roberto pensó que era una vuelta por el auditorio, se convirtió en el suceso que más lo ha impresionado.

Entró al Teatro del Bosque con mamá Julieta, aunque ella se quedó con la hermana Norma, mientras Roberto fue a platicar con los organizadores del evento quienes no se ponían de acuerdo en la logística. Cuando regresó en busca de mamá Julieta, se encontró con Ernesto Alonso quien estaba sumamente compungido y le dijo a Roberto que nunca había visto un acto tan emotivo y de tanta gente del ambiente como este, y le pidió que no se separaran. Esas palabras de Ernesto Alonso, y ver el Teatro del Bosque repleto, fueron superiores a lo que Roberto pudo haber imaginado. Nuestro narrador recuerda que, cuando se hace una semblanza de su trayectoria artística, de fondo sonó *Let it Be*.

Desde allí partió la gran caravana al Mausoleo de Los Ángeles y es indescriptible el llanto y emoción de todos los asistentes cuando el mariachi entonó las dos canciones preferidas de Julio: *Ojalá que vaya bonito* y *Sombras*. Nadie había convocado a tanta gente del medio artístico como él, y como su hermano, puedo asegurar que él nunca se lo imaginó.

* * *

Renombramiento del teatro del Bosque

Tras fallecer, las autoridades de la Secretaría de Educación Pública y del Instituto Nacional de Bellas Artes, decidieron cambiar el nombre de Teatro del Bosque por el de Julio Castillo, en reconocimiento a su gran labor en la formación de actores y actrices, así como su notable aportación al teatro mexicano.

* * *

Auditorio del reclusorio de Almoloya de Juárez

Cuando Juan Pablo de Tavira, hermano de Luis, era el director de ese centro penitenciario, organizó un concurso de representaciones teatrales y se integraron varios grupos de reclusos. El grupo triunfador fue el que representó la obra *De la calle* y le solicitaron al director que le pusieran el nombre de Auditorio Julio Castillo como homenaje. Juan Pablo les aclaró que el autor de la obra era Jesús González Dávila, y sin embargo, ellos insistieron en que el nombre fuera el de Julio Castillo.

La esposa de Julio, Blanca Peña, fue la invitada de honor, la acompañaron Roberto y María Ortiz, su esposa. Juan Pablo recibió a la pequeña comitiva y amablemente los acompañó en todo el proceso de seguridad, el cual es verdaderamente sorprendente. Durante el mismo, inexplicablemente, Roberto se rezagó sin que se dieran cuenta y, sin considerar la gravedad de su decisión, se fue a sentar en el espacio reservado para los convictos. Cuando Juan Pablo se percató, se alarmó sobremanera y de inmediato unos guardias fueron a rescatarlo, ya que estaba junto a asesinos de la más alta peligrosidad. Uno de ellos se había comido la cabeza de su esposa.

Al margen de esa peripecia, fue un evento sumamente emotivo, por la calidad de los actores y del director de escena, quien dijo haberse inspirado en Julio Castillo.

Epílogo

***

Haber incursionado en la vida de estos tres hermanos llevó a nuestro narrador, Roberto, a la apertura del baúl de los recuerdos y a revivir grandes sucesos, con el sentimiento de haber querido disfrutar más de su compañía. Lamentablemente, sus ocupaciones profesionales y el fallecimiento prematuro de Enrique, primero, y, a los dos años después, de Julio, se lo impidieron; sin embargo, le queda la satisfacción de haber corroborado su intensidad y si repasamos los capítulos anteriores, podremos percatarnos que los tres hermanos destacaron, y el sueño de mamá Julieta de haber procreado hijos de bien, se logró, y cada uno de ellos construyó sus castillos en el aire.

Roberto Castillo Margain

Guía de algunas de las películas que más impactaron a los tres hermanos

***

A ver al cine

No se puede entender a los hermanos Castillo Margain sin el cine, mucho menos al tercer Julio Castillo, quien se vio atravesado por el séptimo arte. No es de extrañar, pues estos hermanos y su narrador encontraron en los cines teatros un segundo hogar. Ni juntando los dedos de los tres, alcanzaría para contar todas las películas que vieron. Del gran actor Charlton Heston, por ejemplo, vieron *Ben-Hur* y *Los diez mandamientos*. También vieron, en Cinemascope, *El espectáculo más grande del mundo* en donde James Stewart, en su caracterización de payaso, participó en la gran película sobre un circo, sin olvidar *Trapecio* con esa trilogía de Burt Lancaster, Tony Curtis y la bellísima Gina Lollobrigida.

En los cines del centro, vieron todas las películas de esa época cuando llegaban varios meses después de haber sido estrenadas. Las películas de vaqueros de John Wayne y Gary Cooper; de piratas con Errol Flynn y Tyrone Power, con su inolvidable película *El cisne negro*, y qué decir del gran Mickey

Rooney y su personaje Andy Hardy, la participación de Liz Taylor en *Fuego de juventud* y en *Cadena invisible* con nuestra adorada perra de raza Collie, Lazie.

En esa niñez, los hermanos Castillo tuvieron la fortuna de ver muchas películas musicales, su ídolo era Fred Astaire acompañado de su pareja Ginger Rogers, la única que podía seguir sus pasos. Ese hombre no tocaba el piso, levitaba. De todos esos musicales, hubo uno diferente, cuyo tema fue el parteaguas del cine mudo y el cine sonoro, contaba con los grandes bailarines, Gene Kelly, Donald O'Connor y la inolvidable Debbie Reynolds, la película fue *Cantando bajo la lluvia*, en la que hay una de las mejores escenas de todos los tiempos, cuando baila Cyd Charisse, las piernas más largas y hermosas que han existido.

De niños disfrutaron enormemente las películas de Oliver Hardy, el Gordo, y su extraordinaria pareja Stan Laurel, interpretando al Flaco.

El tío Pedro era un cinéfilo de corazón y llevaba a Julio y Roberto a ver películas del cine mudo del genial Charles Chaplin, de Buster Keaton, sin olvidar a Rodolfo Valentino interpretando al Sheik de Arabia.

Sin duda, la obra teatral *De película* es un reflejo de estas vivencias y de su influencia en Julio y Roberto, quien, al momento de redactar esta parte del libro, está disfrutando esos inolvidables momentos.

En la época de adolescencia, vino un nuevo cine a nivel mundial y llegaron a México grandes producciones internacionales. Desde Italia llegaron las películas *Ladrones de bicicletas* y *Amores prohibidos*; de Francia, *El salario del miedo*; de Rusia, *El acorazado Potemkin*. Estas producciones dieron a conocer grandes directores como Vittorio de Sica o Federico Fellini y actores como Alain Delon, Jean-Paul Belmondo y actrices como Sophia Loren, Monica Vitti y, la bomba francesa, Brigitte Bardot.

Casi en esa misma época, el cine norteamericano decide cambiar para competir con su contraparte europea. De esta forma, el genial maestro de actores, el griego Elia Kazan, creó el Actors Studio, de ahí surgieron figuras que marcaron un gran cambio en el cine. Entre sus filas estuvieron Montgomery Clift, con su gran interpretación al lado de Liz Taylor, en *Ambiciones que matan*; Marlon Brando en *Nido de ratas* y, después, en *El salvaje*; James Dean y su interpretación en *Al este del Paraíso*, *El rebelde sin causa* y *Gigante*; Paul Newman con su participación en *Estigma del arroyo* y Anthony Perkins con *Psicosis*. Imaginen esa maravilla: el tercer Julio Castillo tuvo la oportunidad de conocer el Actors Studio y compartirles la importancia que para él había significado y significaba este gran estudio, en lo personal, al haber vivido parte de su vida a través de los personajes, y en su carrera profesional, por la búsqueda permanente de la innovación.

También vinieron muchas películas románticas y cada hermano Castillo escogió su película y amor platónico: Julio tenía a la bellísima Kim Novak en *Picnic*, Enrique a Leslie Caron en *Lili* y Roberto con Audrey Hepburn en *La princesa que quería vivir*.

A pesar de ser tantas, hay una serie de filmes que llegan a nuestros recuerdos por la significancia extra que tuvieron en nuestro desarrollo. Entre ellas se encuentran:

Casablanca de Michael Curtiz

Una de las mejores películas de todos los tiempos. Se desarrolla en la época de la Segunda Guerra Mundial, durante la invasión alemana, en un pequeño reducto de Francia. Contó con la participación de los extraordinarios Humphrey Bogart, Peter Lorre e Ingrid Bergman. La escena del reencuentro, mientras se interpreta al piano de *As Time Goes By*, es extraordinaria.

Los Olvidados de Luis Buñuel

En ella se refleja, por primera vez, la vida en un barrio de la Ciudad de México. Su temática es algo que los tres hermanos, de alguna manera, vivieron y los estremeció verla reflejada en esa película.

Ultramar Films, S.
INDA
INCLAN
MEJIA
COBO
Delia FUENTES
Luis BUÑUEL
Oscar DANCIGERS
Gabriel FIGUEROA
OLVIDADOS

Ladrones de Bicicletas de Victorio De Sicca.

Esta película permite apreciar todo lo que se vio afectada Italia en la Segunda Guerra Mundial. El desempleo extremo es el entorno de esta película y hay dos escenas inolvidables: cuando le roban la bicicleta al padre de familia y, al final, cuando se resigna y deja de culpar a su hijo Pedro y lo invita con sus últimas monedas a comer espagueti.

Roma a las 11 de Victorio de Sicca.

La trama de esta película versa sobre el desempleo de las mujeres, después de la Segunda Guerra Mundial. La cinta despega cuando se publica en un periódico que se solicita una secretaria y la entrevista sería en Roma a las 11. Se exhiben cuatro historias de mujeres cuya vida dependía de lograr ese trabajo.

Para Julio y Roberto, esas dos películas significaron demasiado; por ello, ambos admiraban y agradecían a los propietarios de las empresas y bancos que les dieron trabajo. Siempre decían que tener un trabajo era un lujo y había que cuidarlo celosamente.

Nido de ratas de Elia Kazan

La película trata del bajo y tenebroso mundo de un sindicato en el cual estaba el personaje de Brando, y la metamorfosis que vive para rebelarse, afrontarlo y terminar victorioso. Con esta película, Marlon Brando obtuvo su primer Óscar.

Rebelde sin causa de Nicholas Ray

Sin duda, la película que más impacta a la juventud por ser la que marca un gran cambio generacional. Aun cuando los tres personajes principales son de clase acomodada, la juventud en general se identificó con ellos, sin importar la condición económica. Esta fue la película de mayor impacto para Julio y Roberto. Julio se sentía James Dean y Roberto, Sal Mineo. Hubo una jovencita llamada Lupita a quien Julio idealizó como a Natalie Wood.

El salvaje de László Benedek

Su tema es la violencia que se provoca entre dos generaciones y, de alguna manera, da origen en el Distrito Federal al pandillerismo juvenil. Julio y Roberto lo sufrieron en carne propia por vivir en medio de los barrios más bravos y tuvieron gran temor a los pandilleros.

Es mentira que en el Distrito Federal no existiese violencia; la diferencia es que estaba focalizada en las pandillas de barrios y colonias. Las peleas entre ellas eran cruentas, con cadenas y hasta navajas. Si alguien que no era del territorio donde mandaba la pandilla se enamoraba de alguien, se exponía a que lo golpeasen e incluso lo asesinaran.

En alguna ocasión, Julio y Roberto vieron un pleito entre pandillas de La Lagunilla y Tepito, que dio lugar a la muerte de uno de ellos en la propia vecindad donde vivían los hermanos, ya siendo adolescentes. Lo más increíble fue que la madre de la víctima, con gran serenidad, limpió la sangre; velaron a su hijo, sacó un tocadiscos y puso la canción *Ya te conocí*, interpretada por la Sonora Santanera, como si nada hubiese pasado.

Esa escena fue representada por el tercer Julio Castillo en una obra cuando dirigió el Teatro Blanquita y convenció a Carlos Colorado de que no se presentase la Sonora Santanera como lo hacían habitualmente. Los metió dentro de unos grandes botes e interpretaron esa canción sin que el público los viese. Julio le dijo a Carlos Colorado que la Sonora Santanera no debía ser visible, ya que cada quien la imaginaba de manera diferente cuando escuchaban sus interpretaciones. Julio tenía una capacidad para hacer magia de lo ordinario.

Semilla de maldad de Richard Brooks

Es la historia de un profesor interpretado por Glenn Ford, quien llega a una escuela de jóvenes desadaptados, liderados por Vic Morrow. Es el debut de Sidney Poitier, líder del grupo de estudiantes. Las escenas de violencia son estrujantes y en esta película se escucha por vez primera el ritmo del *rock and roll*, con la interpretación de Al compás del rock del gran Bill Haley y sus Cometas.

Con esta película se inicia la adoración de los tres hermanos por el *rock and roll*. Julio compró un pequeño tocadiscos y dos discos de Elvis Presley, que escuchaban en las noches. Se hizo adicto a esta música, aunque también disfrutaban otros ritmos en las estaciones de radio 6.20 y Radio Mil.

Hubo gran emoción cuando se dijo que Elvis Presley se presentaría en el Auditorio Nacional, pero finalmente no fue así. En su lugar se presentó el canadiense Paul Anka y, como rocanroleras mexicanas, trajeron a dos cantantes mujeres que ni idea tenían de ese ritmo. Los hermanos Castillo Margain pasaron pena ajena, pero, para sorpresa de todos, antes de que iniciara Paul Anka, tocó por primera vez el gran grupo mexicano Los Locos del Ritmo, quienes causaron sensación. El propio Paul Anka les solicitó que repitieran el *rock and roll Pólvora*. Por cierto, actualmente Roberto y el cantante de ese grupo, Mario Sanabria, son grandes amigos.

Odisea 2001 del genial Kubrick.

Julio era un gran admirador de Kubrick y fue uno de los primeros espectadores de 2001: Odisea del espacio. Norma cuenta que un día Julio llegó a la casa emocionado y les platicó en detalle sobre esta película. Enrique y ella, sin tardanza, fueron a verla con un grupo de la escuela de teatro del INBA. Todos salieron impactados por la película. Sin embargo, la versión de Julio había sido aún más impactante, según dijeron Norma y Enrique. Había dos versiones: la de Kubrick y la de Julio. Ambas eran extraordinarias.

Roller Ball de Norman Jewison

A Julio le gustaba ir al cine de Las Américas a la última función, y Roberto, por condescender, lo acompañó a ver esa extraordinaria película. James Caan interpretó magistralmente al personaje principal, y la trama trata sobre el cambio del ser humano en el mundo corporativo, eliminando el culto o admiración a un héroe. A la salida del cine, Julio compartió su interpretación con Roberto, quien quedó impactado por lo observado por su hermano y corroboró su enorme imaginación, así como su capacidad para asimilar mensajes sublimes y aprender de ellos.

Scaramouche de George Sidney

vEsta fue la película que más veces vieron y disfrutaron los tres hermanos. La trama, las bellas actrices, Eleanor Parker y Janet Leigh, y que fuese filmada a color contribuyeron a su encanto. Destacaba por ser el mejor duelo recreado en el cine, con los grandiosos actores, Mel Ferrer y Stewart Granger, enfrentándose en un maravilloso y elegante teatro. En los pasillos del cine Máximo, los tres hermanos y su primo Manuel escenificaban ese duelo, intercambiando los personajes y las espadas de palo.

Todas las de Tin Tan

Aunque al tío Pedro no le agradaba el cine mexicano y, por lo tanto, los hermanos no lo veían, a la tía Leonor le encantaban las películas del genial Tin Tan. Una vez que los tres hermanos lo descubrieron, se convirtieron en fervientes admiradores y asistían asiduamente al cine Isabel, donde se exhibían tres películas del cómico mexicano.

Entrevistas

Paloma Woolrich

Antes de ver en persona o saber quién era Julio Castillo, tuve la fortuna de ver su obra de teatro Cementerio de automóviles que fue, creo, su examen final de la Escuela de Arte Dramático del entonces INBA, la presentó en la Sala Villaurrutia, perteneciente a esa escuela. Para mí, fue una experiencia maravillosa que me impactó visual y emocionalmente. Tocó muy profundas en fibras que no recuerdo haber sentido antes con ninguna otra obra. Por fortuna, en aquellos años era novia de un actor, Adalberto Parra, que quedó fascinado, creo que vimos la obra cada semana los tres o cuatro días que se presentaban.

Cómo lo conocí, no lo recuerdo bien. Yo estaba cursando la secundaria en la Academia de la Danza Mexicana del INBA, y éramos vecinos de la escuela de arte teatral, seguramente lo vi de lejos muchas veces, pero solo recuerdo con claridad que lo conocí personalmente porque terminé participando en el año de 1968, dentro del marco de las Olimpiadas culturales, en un montaje que él dirigía, mi muy querido y admirado Julio, en el Teatro Reforma. La emoción me invadió, y fue a raíz de esa experiencia, que decidí que me dedicaría al teatro. Aprendí mucho de los actores y actrices profesionales con los que tuve la fortuna de estar en escena: la Maestra Angelina Peláez, Octavio Galindo, Luis Torner, Claudio Obregón, y varios más que ahora no recuerdo.

Recuerdo haber escuchado que Julio y sus amigos, Luis Torner, Adrián Ramos, y algunos otros, hacían pequeñas escenas en los camiones y en los diferentes barrios de la ciudad, representando la problemática del movimiento estudiantil de manera visual y, sobre todo, veloz porque había que salir huyendo de la policía. En aquellos tiempos te llevaban preso por tan solo estar repartiendo volantes en la vía pública. Me parecía muy audaz y divertido que Julio y sus compañeros hicieran activismo en la mañana y que, en la noche, trabajaran para el gobierno en el área artística de las Olimpiadas. También estuvo programada, dentro de esa jornada, El cementerio de automóviles en el teatro Jiménez Rueda. También recuerdo que mi mamá, la pintora Fanny Rabel, ofreció hacer un dibujo de cada uno del elenco y se exhibieron en el lobby en vez de fotografías.

Julio influyó en mí desde que presencié, como ya lo expresé, aquella obra. Me provocó otra calidad emocional, más profunda, más cruda, más atractiva y cautivadora a nivel visual, muy diferente a cualquier otra obra que hubiera visto antes. No tenía la menor idea de cómo iba yo a poder lograrlo, vaya, ni siquiera intentar actuar algo remotamente parecido a lo que me provocó El cementerio, pero, sin duda, intentarlo sería mi camino. Y lo fue y lo ha sido. Años después, cuando trabajé con Julio, tuve oportunidad de aprender de su talento, de su imaginación, de los sueños que nos compartía para hacerlos realidad en escena, de su sentido del humor y de su visión mística en el teatro. Con Julio volábamos. Con Julio todo era posible. Con Julio íbamos a fondo.

Cuando Julio empezó a verse más enfermo, Jesusa organizó un curso de actuación, impartido por él, para animarlo. Varios tomamos ese curso, entre ellos: Daniel Jiménez Cacho, Adriana Olivera, Claudia Lobo, y no recuerdo si en general todo el elenco de Concilio de amor. El curso fue en el estudio que estaba en avenida Ámsterdam, arriba de la Bodega, si no mal recuerdo era el NET.

A Julio lo ví por última vez en el Hospital Español de México. Había una antesala, ahí estaba esperando, cuando Blanca abrió la puerta de la habitación y pude ver a Julio, no pude contener el llanto. Blanca me regañó y me dijo que me controlara o no me dejaría entrar. Así que me calmé, entré a verlo y a platicar un ratito con él. Al día siguiente Julio falleció.

Se organizó un homenaje de cuerpo presente en el ahora Teatro Julio Castillo. Lo llenamos de flores. Estaba todo el gremio, actores de teatro, de cine, de televisión, productores, camarógrafos, personal técnico, familiares y amigos, todos lloramos su partida. Jesusa escribió un hermoso texto que leyó y hasta mariachis llevamos, por supuesto, cantaron las del gran José Alfredo Jiménez, su favorito. Ese homenaje fue muestra del amor; del respeto y la admiración que todos tenemos, hasta la fecha, por el inolvidable Julio Castillo. Para mí, un espíritu de niño juguetón, un genio intuitivo de la dirección.

Miguel Ángel Valles Villagran

Sin duda fue uno de los hombres más importantes para el teatro en México, de excelente preparación académica y alumno de grandes maestros como Héctor Mendoza.

Dejó una huella profunda en el teatro en México como dramaturgo y director que se concentró en mostrar las crisis sociales y los cambios generacionales. Ese fue el cambio más significativo e importante. Hizo del arte dramático un retrato de la sociedad. Ofrecer realidad y verdad en los personajes para hacer más creíbles las historias, comolo hizo en *De la calle* y *Dulces compañías* ese era su sello. Con Julio, el teatro de autores mexicanos se enriqueció al ofrecer un panorama más social y real de la sociedad nacional, sin duda fue uno de los creadores más prolíficos del teatro en esos años, dejó precedentes para las nuevas generaciones.

A mí, en lo personal, me influenció en el poder analizar más a fondo a los personajes; ahondar más allá lo que dice el texto, buscar el porqué de cada conducta y hacia dónde lo lleva con consecuencias y beneficios. En que, cuando decidimos mostrar una realidad creíble para el público, tenemos que escudriñar en lo más profundo de la mente y corazón del personaje.

Cora Cardona

Conocí a Julio en la escuela de Arte Dramático del INBA, Centro Cultural del Bosque, en donde estudiaba, y en donde él ya había estudiado. Lo vi en el patio, un poco antes de llegar a la escuela, me lo presentó Adrián Ramos, quien estudiaba en el mismo recinto; ellos se conocían bien. Julio vestía un suéter azul cielo con botones a los lados y cuello mao. Se me quedó viendo muy intensamente, como lo hacía de vez en cuando. Yo le sonreí, me pareció un ser bondadoso, a pesar de su intensa mirada, que cabe mencionar, se tornaba en la dulzura, y alegría, más bellas. Por la tarde, del día en que lo conocí, nos fuimos a Cuernavaca en el carro de Carlos Bribiesca, amigo de Julio, a pasar la noche allá y a disfrutar del poblado. También iban la novia de Carlos, Adrián Ramos y Alejandro Morán. Al regreso de este viaje, Julio y yo ya eramos pareja. Fue el primer amor de mi vida. Lo amé profundamente, y él a mí, aunque años después me haya dejado "vestida y alborotada".
Lo importante, antes que su arte, fue su gran corazón, su valor como ser humano. Bondadoso con quien se le acercara; a todos les encontraba algo bueno, y respetaba.

Julio tuvo una gran influencia en mí, ya que me platicaba sobre sus sueños como director y lo que haría si tuviese que dirigir tal y cual obra. Era como escuchar cuentos de hadas, de amor y de terror. Recuerdo cuando, por fin, entramos a un concurso de teatro del INBA, y me dirigió en Cecé, obra de Luigi Pirandello, la cual se llevó a cabo en el teatro Jiménez Rueda y posteriormente en el Teatro del Pueblo. A partir de mi participación como actriz, Julio se dirigía a mí como a cualquier otro participante, sin hacer nunca un gesto, o manifestar una emoción particular. Me trató profesionalmente como a una actriz más. Me tomó tiempo acostumbrarme, ya que yo estaba enamoradísima de él, y a menudo quería abrazarlo y hacerle algún cariño. Pasando el tiempo me di cuenta que la manera en que me trataba era la correcta.

En esa etapa, pasé al deslumbramiento, viendo cómo desmenuzaba un texto escrito a principios del siglo XX que Julio actualizó a los años 60, con un sentido del humor formidable, y una imaginación inaudita. Claro que me enamoré aún más de él, ya no como mi novio, sino como un gran artista.

En cuanto a su arte, creo que se debería impartir la técnica de Julio Castillo en los planteles educativos de arte dramático. Claro, nunca se verá en las tablas la sensibilidad que lo caracterizaba, pero sí podría aprenderse como desarrollarse, haciendo lo imposible, posible, con imaginación. Existen una infinidad de ejercicios que se podrían recopilar de escritos hechos ya por Gabriel Pingarrón, o a través de documentación fotográfica, y grabaciones de vídeo que posiblemente existan. Las generaciones que pasaron por la dirección de Julio envejecemos y es ahora cuando debemos recuperar la memoria de este gran director mexicano.

Posteriormente, en Dallas, Texas, fundé junto con Jeff Hurst, mi marido de 45 años, el Teatro Dallas que en 2025 cumplirá 40 años. De ser actriz, pasé a ser directora, como Julio, quien fue un magnífico actor también. El sello, la inspiración y el estilo del manejo que Julio daba a los diversos textos, u obras que dirigió, influyó mucho en mi trabajo, al igual que la de otros maestros, como José Solé, Héctor Mendoza, la maestra Clementina Otero, Alejandro Jodorowsky, pero, a fin de cuentas, nadie como Julio, y no por el amor personal que nos tuvimos, sino porque su imaginación era fuera de serie.

Enseñó a desafiar todo lo establecido. A jugar y explorar lo prohibido. A aprender a desprender el instinto que cada uno de nosotros lleva a niveles de imaginación envueltos en la sensibilidad de cada uno de los que somos, o quieren ser directores. En cuanto a lo técnico, en el sentido de actuación, recuerdo ensayar una obra que íbamos desarrollando a la deriva, en la que a Julio se le ocurrió dejar caer telas de gran suavidad entre las cuales yo tenía que pasar acariciando y, envuelta en esta sensación, plantear la historia que se vería en escena. Al ver que no lograba dar el nivel actoral que él deseaba, Julio subió al escenario y me pidió cerrar los ojos e imaginar que cruzaba nubes, él me soplaba la cara, y me guió con imágenes que finalmente pude trasladar a las telas existentes. Esta experiencia personal, habla un poco de cómo conducía a su orquesta y a los actores. Seguramente con cada actor, cuando lo necesitaba, echaba mano dirigiendo con imágenes para lograr el nivel de actuación que deseaba.

La última vez que vi a Julio Castillo, fue en el teatro Blanquita, dirigiéndome. Tuve que dejar una obra de teatro clásica que en su momento dirigía Adrián Ramos. Mi situación económica no era la mejor, y le pedí trabajo. Irónicamente, Julio y su fallecida esposa, Blanca Peña, vivían al lado de mi departamento, este edificio se llegó a llamar Penton Place por una serie televisiva de la época. En ese complejo antiguo de la colonia Condesa, vivían muchos artistas, tales como el pintor Arnold Belkin, Jaime Toledo, Claudio Obregón, Ofelia Medina, Juan José Gurrola, Saúl Martínez, Margie Bermejo, Frank Cardarelli, entre otros. Afortunadamente, la imagen de Julio, en mi memoria, es la de un ser vivo, dirigiendo mi participación como corista en el Teatro Blanquita. A gritos de "¡Mucha Ropa Mamacita!", presentábamos el show. Asimismo, bailaba en varias coreografías con Carlos Argentino, La Sonora Santanera, Lyn May, Chabelo, el Piporro y el gran Adrián Ramos. Don Juan Tenerio, de Zorrilla, fue, entre otros programas, uno excepcional. Estaba enfocado en el Día de Muertos, con su respectivo albur entre El Piporro y Adrián Ramos. Los muertos, otros actores y yo, despertábamos en un altar, bailando a ritmo de mambo, al tocar la campana de las doce de la noche. Después de esta inolvidable experiencia, partí a Austin, Texas, en donde conocí a Jeffrey Hurst ,«Jeff», quien sería mi marido.

Julio, no dejó de sorprenderme con su manejo como director, recuerdo bien El cementerio de los automóviles, de Fernando Arrabal, obra que dejó, como muchas otras que dirigió, huella en la memoria del teatro en México. Evidentemente Julio Castillo, se convirtió en historia y leyenda del teatro mexicano, algo que, en mi opinión, nadie ha superado. Sin embargo, hay que tomar en cuenta que, en pasadas generaciones, el texto se exploraba, se "tallereaba". Nos dábamos el lujo de pasar meses ensayando, sin cansarnos, porque íbamos a jugar, literalmente, aportando, en comunión con los directores, el desarrollo de obras bien entendidas y formadas para deleite del público. En el "después," tristemente, los artistas ya no tienen el tiempo de hacer lo mencionado. Todo es rápido, como quien voltea hotcakes, saliendo obra tras obra sin dejarlas madurar. Tanto ensayos, como presentaciones, a través de las cuales las obras van madurando, se presentan a corto plazo. El teatro artesanal ya no existe, o existe poco, en el mundo, no sólo en México, y creo esta es una razón importante por la cual estamos viviendo un estancamiento en nuestro país, midiendo el tiempo con dinero.

Rodolfo Torres

Yo conozco a Roberto porque somos compañeros. No me refiero a que hayamos estudiado juntos, hablo del equipo de fútbol de la universidad. Ahí nos vimos y nos conocimos. Después hacíamos algunas reuniones, en alguna ocasión, viendo un partido de Pumas por televisión en los diferentes restaurantes que él y su hijo, Chato, han tenido, salió, no sé por qué, la conversación sobre Julio Castillo. Le dije: —Oye, fíjate que yo lo conocí. Yo lo conocí del 70 al 73, más o menos.
Me quedé pensando. Le conté que estudiaba en la preparatoria número 5, y lo fui a ver al teatro porque tenía un maestro de Filosofía y Letras que era conocido de él. Desafortunadamente, no puedo recordar el nombre del maestro, lo he estado buscando. Dentro de su materia, que era filosofía, nos pidió hacer un trabajo sobre una de las obras que dirigía Julio. No recuerdo bien, casi estoy seguro que fue El mundo que tú perdonas —porque dirigió muchas—.
Te decía que en una de las pláticas con Robert salió el tema, y le conté que fui a ver un par de obras que él dirigió. Lo que más me impresionó, porque estoy hablando de los 70, fue que en aquel entonces el ambiente era muy restringido. En la

Ciudad de México, nuestro México, la cosa no estaba tan politizada, pero el gobierno era especial, muy duro. Y Julio trataba de despertar conciencias, eso es lo que recuerdo de él. Era una persona muy apasionada. Defendía todas sus ideas y trataba de hacer que reflexionáramos, sobre todo a los estudiantes. Recuerdo que en una de las obras hubo una especie de preguntas y respuestas. Me impresionó mucho. Yo era muy joven, pero me marcó. Yo no pensaba estudiar Filosofía y Letras; en aquel entonces, por como eran las cosas, me fui a Licenciatura en Administración de Empresas. Filosofía no era bien pagada, era un mundo materialista. A mí me marcó porque me hizo reflexionar sobre la vida, sobre el día a día. De las obras que vi, una fue *De la calle*. No es de su autoría, pero él la dirigió con una pasión tremenda. Fue un cañonazo. Cruda, muy cruda, pero real. Después de esa obra, hubo un cóctel. Yo no estaba invitado, pero pude asistir.

Ahí tuve la oportunidad, aunque muy breve, de felicitarlo y hablar con él. Era una persona muy humana. Me preguntó: "¿Qué te pareció la obra?, ¿qué viste?". Me interrogó como si estuviera evaluándome. Yo le di mi punto de vista, y él me dijo: "Muy bien, qué bueno, porque la idea es despertar conciencias. Que la gente sepa realmente cómo es la vida, a mi entender, claro". Era muy apasionado y humano. Dio clases, estuvo con los mejores, hizo un par de películas, pero lo que más le apasionaba era el teatro.

Su vida era el teatro. Eso te deja marcado, ¿me entiendes? Reflexionabas aunque el mundo en los 70 y 80 fuera tan materialista y maniatado. No era teatro frívolo. Era teatro social, independiente, que buscaba despertar conciencias.

Las obras que vi tenían siempre un mensaje social, algo que te hacía darte cuenta del mundo en que vivías. Era algo global, pero en particular aquí en México, era algo palpable. Me hizo ver la realidad de la sociedad, especialmente la menos favorecida. Vi *De la calle*, y eso despertó en mí una conciencia que llevé a mi vida profesional. Fui administrador de empresas, ocupé buenos puestos, incluso en el gobierno. Tuve a mi cargo 11 mil trabajadores en el DIF. Siempre traté de ser igualitario, de no aprovecharme de los más necesitados. Entendía un poco la situación que vivían en sus casas. Eso me marcó. Hasta la fecha sigo con esa conciencia.

Angelina Peláez

Julio Castillo y yo fuimos compañeros y amigos, en la escuela de teatro de Bellas Artes en generaciones contiguas. Asistíamos a los seminarios de nuestro maestro Héctor Mendoza. Trabajamos juntos en la puesta en escena de la obra *La buena mujer de Sezuán* de Bertolt Brecht; en donde Julio interpretó al Aguador de manera espléndida. Él, Julio, era un gran actor. Y por su característica de sus ojos claros y su tez blanca bromeaban con él, llamándole el Richard Burton (actor británico de la época) del elenco mexicano.

Fue entonces cuando su inquietud de dirigir se inició con la puesta en escena de *El Escorial de Ghelderode*; Julio me llegó a comentar que el maestro Héctor Mendoza le había dicho, después de haberla visto, que mejor se dedicará a actuar; pero afortunadamente Julio fue insistente en su afán de dirigir, siguiendo con Cecé obra corta de Pirandello, para el examen de actuación de Adrián Ramos, quien estaba espléndido haciendo despliegue de su comicidad. Después dirigió, nada menos que, la obra *El Cementerio de Automóviles* de Fernando Arrabal. Fue un gran acontecimiento teatral. Particularmente por el final de la obra, si no mal recuerdo, en dónde nos atrapaba sin permiso al fondo de nuestro ser y nos sacudía y nos estrujaba: por la imagen que lograba plasmar en un telón con el paseo de una figura femenina con música sesentera (que no tengo memoria cuál era desafortunadamente). Todo esto como una culminación del desarrollo final de la obra.

Julio Castillo significa, ahora a la distancia del tiempo, personalmente, una parte de mí. Como generación de los 60, tanto artística y formativamente, me atravesaron varias cosas: los Beatles, los maestros con nuevos conceptos y aprendizajes; las relaciones de juventud, las fiestas, reuniones, la desmitificación de aquellos relatos que heredamos para, finalmente, crear los propios. Esa época significa una evasión creativa, el afán de transgredir límites, muros y conocer, volar, sentir sin miedo todo lo que poseemos interiormente, como un viaje al fondo de uno mismo.

En cuanto a trabajo significa saber que el actor es lo más importante escénicamente, que es la materia prima de aquello que se construye en el escenario.

Julio era un buen actor y él lo sabía. Respetaba al actor; quería a sus actores. Julio formó y era parte de aquella camarilla inquieta y efervescente: Adrián Ramos, Luis Torner, el Yeyo, Rubén Moheno, principalmente, también Pingarrón y José Luis Castañeda, además de otros que seguramente ya no recuerdo. Julio llegó a vislumbrar al actor potencialmente como mago; capaz de crear lo que no está; porque en el escenario la realidad se transforma por el actor. Afortunadamente Julio no hizo caso a lo dicho por nuestro maestro Héctor Mendoza: "Hijo... mejor dedícate a seguir actuando". Pero sí le hizo ver que había cosas que aprender; y Julio sabía escuchar. Porque su visión del mundo desbordante necesitaba plasmarse, pero aprendió que había que escoger, seleccionar y no acumular indiscriminadamente. Ya que siempre tuvo demasiado material imaginativo sobre un mismo tema.

El acercamiento de Julio al teatro partía de un gran amor a este, y de sentir que era un privilegio estar en el escenario. Por lo tanto, se necesitaba ser conquistador de ese merecimiento y, con él, todos sus "secuaces" —compañeros, cómplices, etcétera— era un ejemplo de esa constante encomienda dentro de la puesta en escena de una obra.

Julio llegó a vislumbrar al actor potencialmente como mago; capaz de crear lo que no está porque, en el escenario, la realidad se transforma por el actor; a ser como él cree verla o quiere verla.

Julio era un ser que lograba ver y sentir todo aquello que no estaba en los textos, pero, a su vez, toda su concepción *ad láter* a este. Reforzaba todo el contenido haciéndose una fuerte presencia para que el texto en sí cobrara mayor relieve, belleza y contundencia.

Un ejemplo trascendente que me viene a la mente, en dónde un elemento que se eligió para la obra *Los bajos fondos de Gorki* adquiere un gran significado en estos. Los personajes de la obra, perdedores y desposeídos, se desenvuelven mostrando sus vidas en espera de lo que ya no está a su alcance. Todo habla, el espacio, un albergue; su lugar de alojamiento, un viejo vagón de tren abandonado, en dónde se infiere (lo que la acción de la obra lo corrobora) que finalmente ya no irán a ninguna parte.

Para aquellos que de alguna manera fuimos espectadores irreductibles de los *Bajos fondos* y *De la calle*, obras que tienen gran parentesco, no será muy difícil pensar en Gorki y en González

Dávila sin todo aquello que Julio concibió. Él era un gran visionario. Propiciaba en el trabajo grupal, y en el del personaje asignado, actitudes y emociones del acervo interno de nosotros los actores, que nos pertenecen tanto como a él, que nos encaminaba a encontrarlas o descubrirlas.

Si se hablan de los grandes de la pintura como Orozco, Siqueiros y Rivera; Julio fue uno de los grandes: el iluminado, el elegido en la iniciación del compromiso teatral, como una verdad auténtica, para crear algo inusitado y grandioso: murales tridimensionales de color, música, sentimiento y emoción; en un paroxismo catártico que nos purifica tanto actores como público.

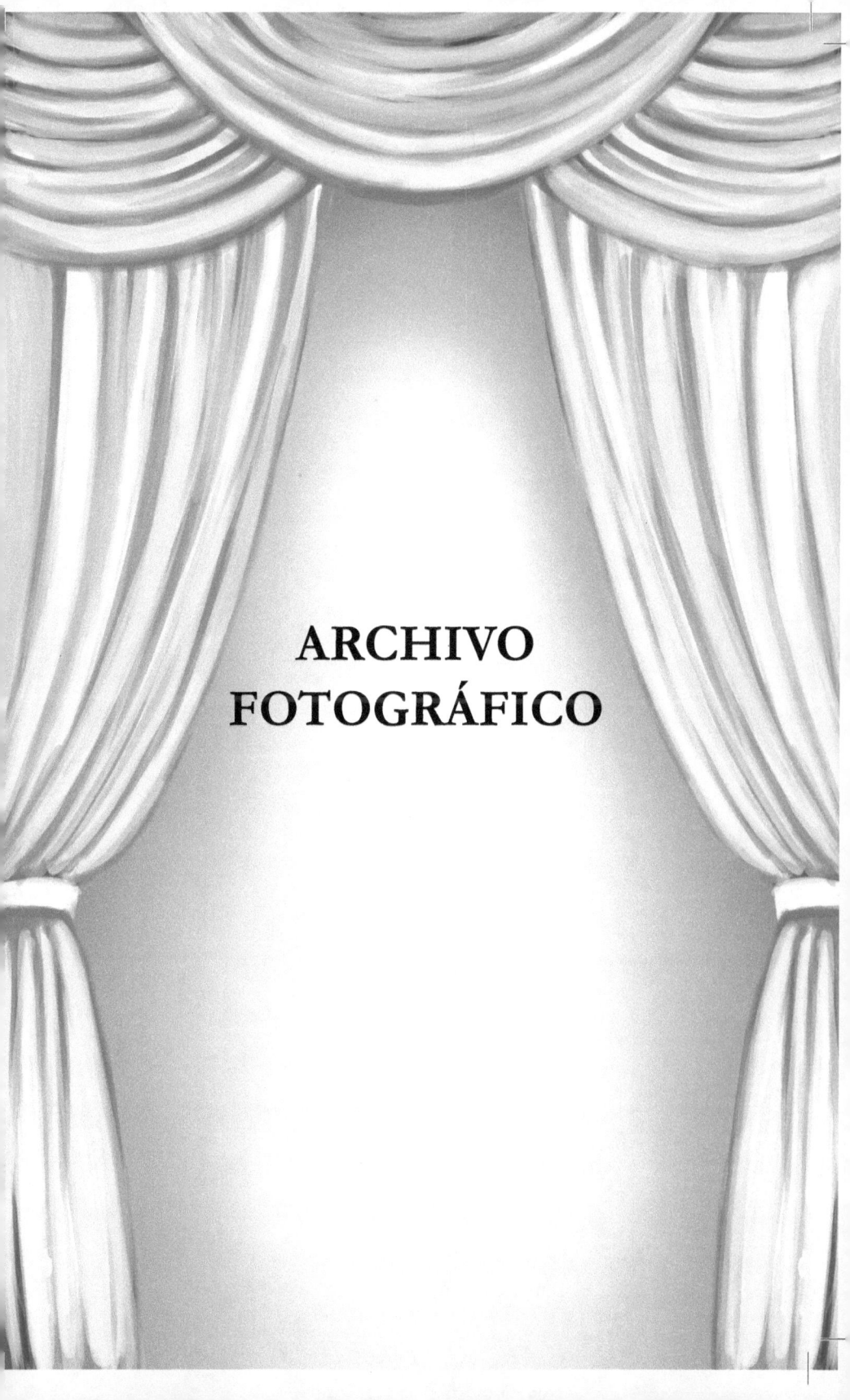

ARCHIVO FOTOGRÁFICO

DIRECCION GENERAL DE
CULTURAS POPULARES / SEP

presenta

TRUFALDINO SERVIDOR DE DOS PATRONES
de Carlo Goldoni
Dirección: Rodolfo Valencia

El 6 y el 7 de julio a las 19:00 horas
El 8, 9, 13, 14, 15 y 16 de julio a las 17:00 horas

ARDE PINOCHO
de Collodi
Versión y Dirección: Julio Castillo

El 20, 21, 22, 23, 27, 28, 29 y 30
de julio a las 17:00 horas

TEATRO DE LA CIUDAD UNIVERSITARIA
(Anexo a la Escuela de Arquitectura)

ENTRADA LIBRE

UNAM / DIFUSION CULTURAL / DEPARTAMENTO DE TEATRO / 1978

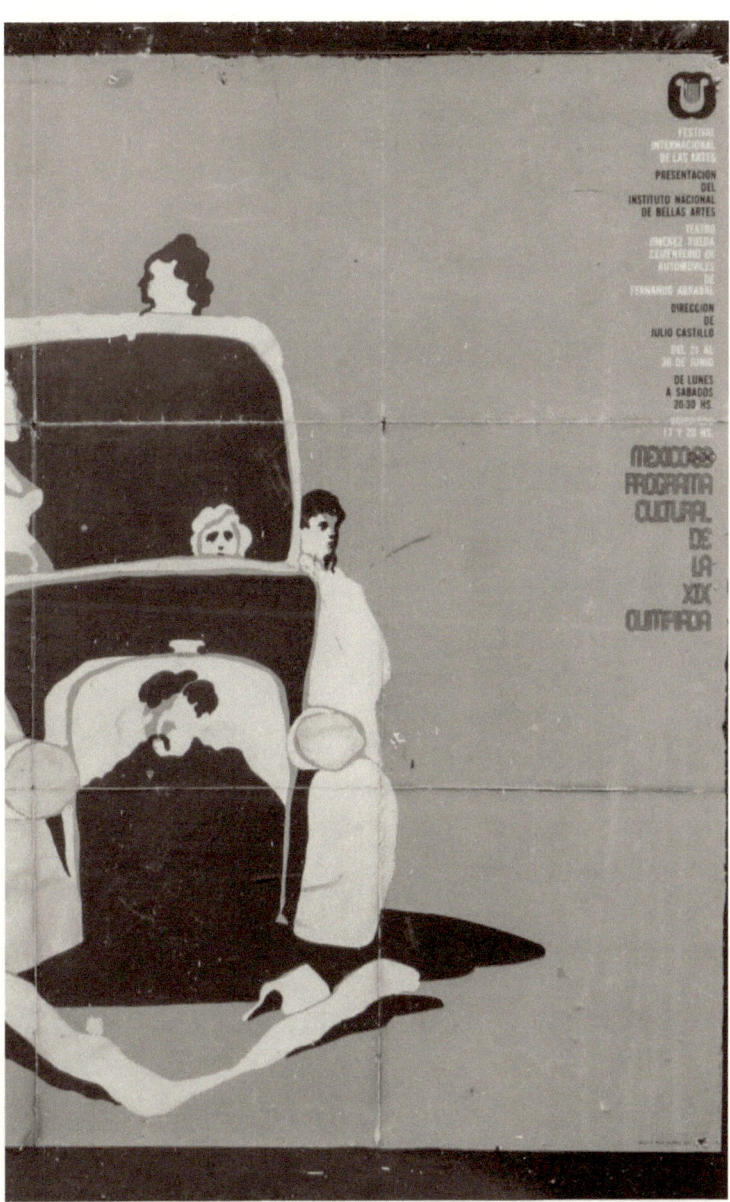

UNIVERSIDAD NACIONAL AUTÓNOMA DE MÉXICO

Rector
Dr. Octavio Rivero Serrano
Secretario General Académico
Lic. Raúl Béjar Navarro
Secretario General Administrativo
CP Rodolfo Coelo Mola
Abogado General
Lic. Ignacio Carrillo Prieto
Coordinador de Extensión Universitaria
Lic. Alfonso de María y Campos
Director General de Difusión Cultural
Lic. Fernando Curiel Defossé
CP Edgardo Benítez Celada
Coordinador General de Difusión Cultural
Director de Actividades Teatrales
Mtro. Luis de Tavira

FACULTAD DE FILOSOFÍA Y LETRAS

Director
Dr. Abelardo Villegas
Secretario General
Mtra. Margarita Vera Cuspinera
Secretario de Extensión Académica
Arq. Benjamín Villanueva
Jefe del Departamento de Literatura Dramática y Teatro
Lic. Armando Partida

FONAPAS

Solano Teatro de Arquitectura, C. U.
Funciones:
Jueves y viernes, 19:00 horas
Sábados y domingos, 17:00 y 20:00 horas
Admisión: $ 100.00
Estudiantes, profesores y empleados universitarios con credencial
50% de descuento

UNIVERSIDAD NACIONAL AUTÓNOMA DE MÉXICO Y FONAPAS
presentan

ARMAS BLANCAS

de
Víctor Hugo Rascón Banda

con
el Taller de Actuación
del quinto semestre del
Departamento de Literatura
Dramática y Teatro

escenificación
de
Julio Castillo

Teatro del BosquE
(Detrás del Auditorio Nacional)
Tel: 520-4332

Martes a sábados / 20:30 hrs.
Domingos / 18:00 hrs.

Localidades
$2,000.00 primera y segunda secciones
$1,000.00 tercera y cuarta secciones

México, D.F., 1987.

de Jesús González Dávila

Dirección:
Julio Castillo

Edward	LETICIA PERDIGON
Ellen	LILIA ARAGON
Maya	SILVIA CAOS
Betty	HOMERO WIMER
Clive	MORRIS GILBERT
Joshua	JAVIER RUIZ
Harry Bagley	ARSENIO CAMPOS
Carolina Saunders	LILIA ARAGON
Lin	
Martin	
Cathy	
Victoria	
Bill	

ELLA MISMA — LILIA ARAGON

ACTO I
AFRICA, 1880

ACTO II
LONDRES, 1980

	SILVIA CAOS
	ARSENIO CAMPOS
	JAVIER RUIZ
	LETICIA PERDIGON
	JAVIER RUIZ

Han pasado 100 años, pero para los personajes solo son 25 años después . . . . .

Nos complacemos en presentar a
"Victoria"
Actriz con enormes posibilidades de triunfar en las telenovelas . . . y el cine mudo. .

DIRECCION: JULIO CASTILLO

Escenografía e Iluminación: ALEJANDRO LUNA
Vestuario: ANGELA DODSON

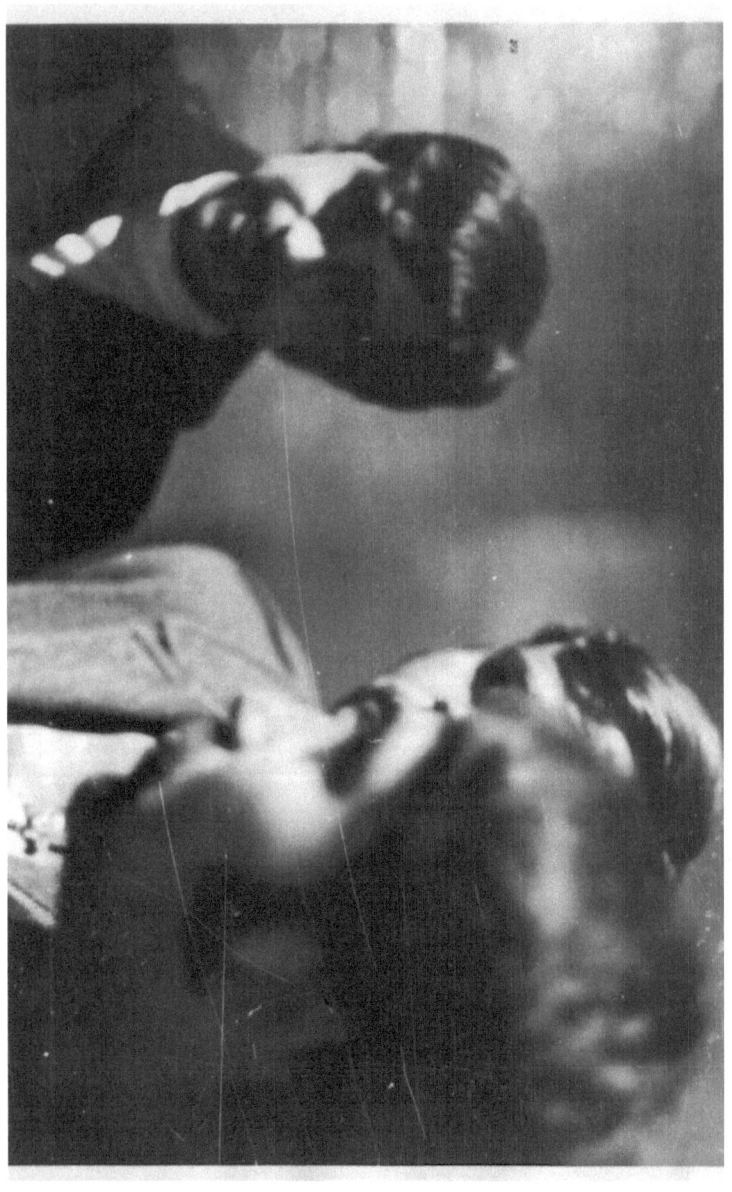

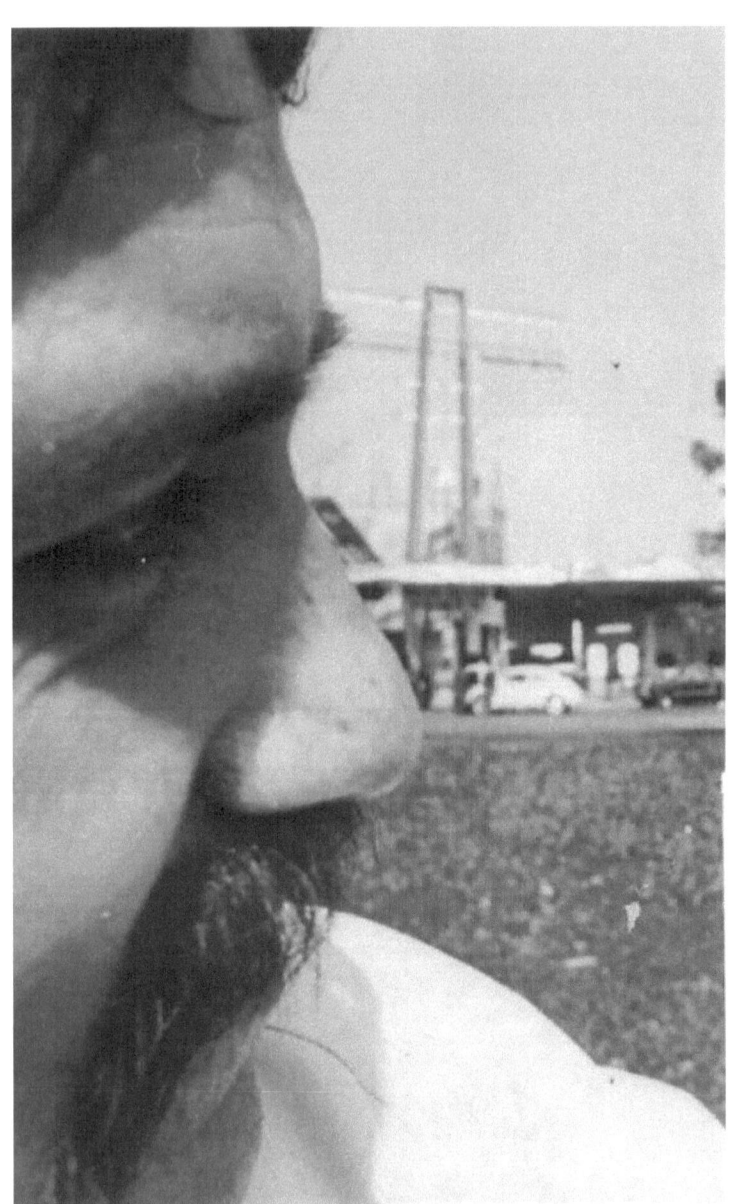

Julio: Castillo antes que teatro

Impreso en
Talleres Quintanar Romero
Puerto Tenacatita, Col. Piloto,
Ciudad de México.

🐚 LEGORRETA

www.ingramcontent.com/pod-product-compliance
Lightning Source LLC
LaVergne TN
LVHW040050080526
838202LV00045B/3559